はじめに

　剣道の試合場などに出向くと、足や膝、肘にサポーターなどを巻いている剣士をよく見かけます。また、稽古中にアキレス腱を断裂したという話もよく耳にします。心身を鍛え健康に役立てようと稽古に励む一方、多くの人が剣道でからだを傷つけていることも事実です。著者（木寺）も18年前に左アキレス腱を断裂しました。その頃から、現代剣道の「動き」に疑問を持ち、さまざまな角度から考察を重ねてきました。とくに動きの基礎である「歩行」について興味を持ち、老若男女の歩きを何年も観察してきました。

　10年ほど前からインターネットの普及でさまざまな情報が公開されるようになりました。研究者やスポーツ・武道の実践者、トレーナー、シューズの開発者など、これまではほとんど交流のなかった人の間で、それぞれの分野の知識や情報の交換が活発にされるようになってきました。その中から、分野は異なっても共通する合理的な「からだ」の使い方があることが明らかになってきました。それを、私たちは「二軸動作（常歩）」と名づけました。これは、足で蹴り出してからだを動かすのではなく、左右の軸感覚を使って効率よく動こうというものです。

　剣道でもこの動きを応用していくと、合理的な打突動作が実現します。雑誌や書籍などでこの二軸動作（常歩）やそれによる剣道が紹介されるようになってから、実践した人から「楽に動ける」「疲れない」「ケガが治った」などの報告を多数受けるようになりました。また、古流を実践している人からは、動きや足さばきに共通する部分が非常に多いとのお便りもいただきました。

　本書はこれまでの剣道の指導書とは違った視点で執筆しました。剣道の動きだけではなく、その基礎となる歩きや姿勢、さらには他のスポーツの動きなどにも言及しています。歩きや姿勢と剣道の動きとの関連がわかると、日常生活が稽古の場となります。日頃の何気ない動きの大切さが実感できます。また、「やってみよう」のコーナーを随所に入れ、実際に動きながら読み進めていけるようにしました。

　頭で考えるのではなく、実際に動いて「からだで感じる」ことが大切です。「膝の抜き」「股関節の外旋」「骨盤の前傾」など、初めて知る内容も多く戸惑われると思いますが、ゆっくり読み進めていただきたいと思います。

2006年3月29日　　著者

目　　次

■はじめに …………………………………………………………………… 3

序章　知っておきたい剣道の「動き」のこと

　　足さばきの「不思議」……………………………………………………… 7
　　構えの「不思議」…………………………………………………………… 8
　　素振りの「不思議」………………………………………………………… 10

第1章　知っておきたい「足さばき」とからだのこと

[1] 剣道に適した歩き方とは ……………………………………………… 14
　　　剣道に適した歩き方 …………………………………………………… 14
　　　一直線歩行と二直線歩行 ……………………………………………… 16
[2] 現代人と侍（武士）の歩き方の違い ………………………………… 19
　　　ナンバ歩き ……………………………………………………………… 19
　　　片踏み …………………………………………………………………… 20
　　　侍の歩き方 ……………………………………………………………… 21
　　　スプリンターの腰の動き ……………………………………………… 24
[3] トップスプリンターはすり足で走る ………………………………… 25
　　　短距離の速さは何によって決まるのか ……………………………… 25
　　　腰を落とすとは ………………………………………………………… 29
[4] 踵で前進、つま先で後退 ……………………………………………… 31
　　　きびすを踏む …………………………………………………………… 31
　　　膝を抜く ………………………………………………………………… 34
[5] 左足から出る …………………………………………………………… 37
　　　なぜ歩み足は用いられなくなったのか ……………………………… 37
　　　イチロー選手の盗塁動作 ……………………………………………… 38
[6] アウトエッジで自在に動く …………………………………………… 40
　　　左右に動く ……………………………………………………………… 40
　　　からだの向きを変える ………………………………………………… 41

第2章 知っておきたい「構え」とからだのこと

［1］腰（骨盤）を前傾させる …………………………………… 46
　　　腰を入れて立つ……………………………………………… 47
　　　構えを再確認しよう………………………………………… 49
［2］顎の位置で腕の動きは変わる ……………………………… 50
　　　腕はどこから動くのか……………………………………… 50
　　　おとがいを出す……………………………………………… 51
［3］左こぶしを下げる …………………………………………… 52
　　　骨盤の前傾…………………………………………………… 53
　　　肩甲骨の外放………………………………………………… 54
［4］肘の曲がる側は上を向く …………………………………… 55
　　　上腕の外旋…………………………………………………… 56
　　　上腕の外旋は押すポジション……………………………… 56
　　　脇をしめる…………………………………………………… 58
　　　構えと上腕の外旋…………………………………………… 58
［5］左足は外を向く ……………………………………………… 59
　　　股関節の機能………………………………………………… 60
　　　構えでの股関節外旋度……………………………………… 61

第3章 知っておきたい「打突」とからだのこと

［1］打突動作の流れ ……………………………………………… 64
　　　現代剣道の打突動作………………………………………… 64
　　　合理的身体操作による打突動作…………………………… 65
［2］歩きながら打つ ……………………………………………… 66
　　　歩み足で正面を打つ………………………………………… 67
　　　右足前進で振りかぶる……………………………………… 70

[3] 大きく振ること……………………………………………… 70
    基本打突の振りかぶり角度は？……………………………… 70
    両肘を開く……………………………………………………… 71
    上腕の外旋で振り下ろす……………………………………… 72
[4] 膝の動きで打突が変わる…………………………………… 74
    右膝を操作する………………………………………………… 74
    左膝を操作する………………………………………………… 77
[5] 左右の脚を挟み込む………………………………………… 79
[6] 二軸動作によるさまざまな足さばき……………………… 82
    踏み込み足……………………………………………………… 82
    軸を踏み換えて打つ…………………………………………… 84
    歩み足（右・左）で打つ……………………………………… 84
    左足から出て打つ……………………………………………… 86

第4章 知っておきたい「剣道の教え」とからだのこと

[1] 構えは右自然体……………………………………………… 90
[2] 左の膝は斜め左を向く……………………………………… 91
    足先の向きと膝の向き………………………………………… 91
    左膝の向きと股関節の外旋…………………………………… 92
[3] 竹刀は握らない……………………………………………… 93
    竹刀はどのくらいの力で握ればいいか……………………… 93
    剣先の強さは剣先の重さ……………………………………… 95
[4] 茶巾絞りとからだのこと…………………………………… 96
    茶巾絞りとは？………………………………………………… 96
    上腕の外旋と前腕の回内……………………………………… 96
[5] 軽い竹刀で素振りをする…………………………………… 98

  ■終わりに……………………………………………………… 101

序　章
知っておきたい剣道の「動き」のこと

　みなさんは、さまざまな目的で剣道をしていると思います。試合に勝つことを目指している人、昇段を目標としている人、仲間づくりのために道場へ通っている人、また、中高年の人の中には健康のために剣道を楽しんでいる人も多いことでしょう。

　しかし、多くの剣士が、その動きや教えを「不思議」に感じているのではないでしょうか。そこで、本書のオープニングとして、その不思議さを再確認する意味で、以下のような4つの質問を用意しました。どうぞ、それらに答えてみてください。

足さばきの「不思議」

考えてみよう
　稽古や試合をするときには、右足から踏み込んで打つことがほとんどで、歩み足や左足から前に出て打つ技はほとんどみられません。それはなぜだと思いますか。
①私たちは日頃、剣道に適した歩き方をしていないから。
②初心者の頃から、歩み足や左足から出る技を稽古しないから。
③実際の稽古や試合では、相手を打突したあとに日本剣道形の場合と異なり、からだを前に進める必要があるから。

　正解は、①です。

　稽古や試合では、相手の打ちをかわすときに「開き足」や、打突前に後足を前足の後方に運ぶ「つぎ足」はまれにみられますが、歩み足や左足から出る打ちはまったくといっていいほどみられません。どうして、現代剣道では、それら伝統的な足さばきがみられなくなったのでしょうか。

　たとえば、構えて一歩前進しながら小手を打ってみましょう。最初は、日頃稽古しているように右足から踏み込みます。これは簡単です。次は、右足を動かさないで左足から出て小手を打ってみましょう。なかなかむずかしいですね。しかし、左から出る小手は、昔はかなり用いられていたようです。

　これは、初心者の頃からそのような足さばきを稽古しないことや、現代剣道の動きは、日本剣道形のように打突時に止まらずに前進することがあるからだとも考えられます。しかし、私たちが、歩み足や、左から出る足さばきができない原因は、歩き方にあると考えられます。

　昔の武士（侍）と私たちでは、歩き方がまったく違います。侍の歩き方を習得すれば、さまざまな足さばきが可能になります。このことについては、第1章「［2］現代人と侍（武士）の歩き方の違い」（19ページ）で詳しく述べていますので参照してください。

構えの「不思議」

考えてみよう　今の剣道では、右の手足が前、左の手足が後ろの右自然体で構えることが最も多く、左自然体で構える剣士はいません。これはなぜでしょうか。次の中から選んでください。
①人間の心臓は左にあるから、その心臓を守るため。
②人間の右脚と左脚は、その働きが異なるため。
③ルールで決められているから。

　正解は②です。
　構え方や剣先の高さなどは、流派によってさまざまな教えがあったようですが、不思議なことに、現在では全員が右足前、左足後ろの右自然体で構えます。おそらく、過去多くの剣士が左手足前の中段[*1]を試みたと思います。しかし、現代剣道では、その構えは残っていません。
　「剣道試合審判細則規則」の第13条には、打突部位に関して「小手部は、中段の構えの右小手（左手前の左小手）……」とあり、左手前の中段も想定されています。それでも、左自然体で構える剣士はいません。心臓が左にあるからでしょうか。これも明確な理由とは思われません。
　では、その理由はどこにあるのでしょうか。中段の構えが右自然体であるのは、左右の脚の役割が異なるためのようなのです。私たちのそれぞれの脚は、右利き・左利きに関係なく、それぞれの役割を持っています。左脚は全身安定のための主軸の機能、右脚は器用性や攻撃性などの運動作用やスピードをコン

＊1　中段（の構え）
　「中段」の構えは、「正眼」の構え（晴眼・青眼・臍眼・星眼などとも表記する）ともいう。

序章　知っておきたい剣道の「動き」のこと

トロールするなどの機能を持っています。スポーツなどの動きを考えるときに、この左右差を知っておくことはとても大事です。たとえば、陸上のトラックや野球のベースランニングなどが左回りになっているのも、この左右差が一つの原因と考えられます。

　剣道に限らず日本に伝わる武道の多くは右自然体の構えが基本となっています。左を基準（軸）にして右から始動することが自然な動きにつながることを昔の人々は知っていました。からだの左右の特性を知って剣道に接するとさらに新しい発見がありそうです。

考えてみよう　下の写真は、古流剣術の左上段の構えです。後ろ足（右足）の部分を隠してありますが、後ろ足はどうなっていると思いますか。次の中から選んでください。

①つま先がほぼ前（正面）を向き、踵が上がっている。
②つま先がほぼ前（正面）を向き、踵が床についている。
③つま先がほぼ真横を向き、踵が上がっている。
④つま先がほぼ真横を向き、踵が床についている。

（撮影：川村典幸、スキージャーナル提供）

正解は④です。

右の目隠しを取った写真を見てください。後ろ足のつま先はほぼ真横を向き、踵は床についています。古流にはさまざまな構えが残っていますが、このように後ろ足のつま先を外に向け、踵を床につける構え方が多く見られます。現在の剣道の構えとはずいぶん違います。私たちは、後ろ足のつま先を、ほぼ前（正面）に向け、つねに踵を上げることが正しいと教えられてきました。

どうも昔の剣士は、私たちとは異なるからだの使い方をしていたようです。それは、どのようなものだったのでしょうか。

素振りの「不思議」

考えてみよう　剣道の「正面打突」（基本の正面打ち）は、左手（拳）の下から相手の面が見えるまで振りかぶることが、初心者であっても高段者であっても大切だとされています。それはなぜだと思いますか。

①大きく振りかぶらないと一本にならないから。
②左手（拳）の下から相手をよくみるため。
③竹刀を用いていても、日本刀の性質を受け継いでいるから。

正解は③です。

この素振りの方法も他のスポーツと比べると不思議なものです。野球の打者の素振りと剣道のそれとを比較してみましょう。野球では、打者は素振りをしてフォームを固めます。それは投手が投げたボールを打ってヒットにするためです。当たり前のことです。ですから、打者は実際に試合でバッターボックスに立ったときと同じフォームで素振りを繰り返します。ゴルフの素振りも、実際にボールを打つときと同じ動作をします。

ところが、剣道の素振りは、左拳が頭上にくるように振り上げて振り下ろします。しかも、この動きのままでは、実際の稽古や試合で相手を打つことはかなり困難です。実際には素振りより小さく振りかぶって速く打つことがほとんどです。つまり、実際の動きと素振りの動きは異なっているのです。

ですから、素振りの練習を何度も行っても、試合場面で有効な打突になるとは限りません。このことについては、第4章「[5] 軽い竹刀で素振りをする」（98ページ）を参照してください。

　さらに、素振りに関連して「正しい姿勢」で打つということを取り上げてみましょう。剣道では姿勢を崩さずに正しい姿勢で打つことの重要性がいわれます。このこともよく検討すると「不思議」なことです。なぜかというと、サッカーならば、どのような姿勢でシュートしてもボールがゴールに入れば得点になります。シュートのときの姿勢が崩れたから得点が取り消されるということはありません。逆に、姿勢の崩れた態勢でシュートができる選手は「素晴らしい」と絶賛されます。

　ところが、剣道では打突時に姿勢が崩れることはよい動作であるとはされません。いわゆる「正しい姿勢」で打たないと一本にはならないのです。これらは、「竹刀は日本刀である」という考え方に原因があるようです。現在の剣道は、竹刀を用いますが、その動きの中に日本刀の性質を受け継いでいます。このことは、剣道の大切な伝統の一つですが、その動きを検討してみると非合理的な動きも含まれているようです。現代剣道の動きを竹刀を用いることを前提とした合理的な動きでとらえ直してみましょう。

　ただし、竹刀を大きく振ることによって肩の柔軟性を高めたり、上腕の操作を覚えたりすることができることは確かでしょう。

＊　　　　　＊　　　　　＊

　さあ、以上のことから、あなたのこれまでの剣道を少し違った視点から見つめ直すきかっけになったのではないでしょうか。それでは、第1章からページを繰っていきましょう。

第1章
知っておきたい「足さばき」とからだのこと

［1］剣道に適した歩き方とは
［2］現代人と侍（武士）の歩き方の違い
［3］トップスプリンターはすり足で走る
［4］踵で前進、つま先で後退
［5］左足から出る
［6］アウトエッジで自在に動く

［1］剣道に適した歩き方とは

剣道に適した歩き方

みなさんが剣道を習い始めたころ、構えて前後左右の足さばきを繰り返し稽古したころを思い出してみてください。とても窮屈に感じたことはなかったでしょうか。では、いったいそれはなぜなのでしょうか。竹刀を持たないでふつうに動くときには、私たちは窮屈に感じることはありません。竹刀を保持して構えると、どうして自由に動けなくなるのでしょうか。

やってみよう―1―　構えたまま歩いてみよう

竹刀を保持して構えたまま歩いてみましょう。そのときに次の2つの方法で行ってみてください。その際は、送り足ではなく歩み足で歩きます。

1. 道場に直線を1本引きます（道場の板目を利用してもかまいません）。構えたままその直線上に左右の足が乗るように歩いてみましょう。
2. 次に、直線をまたいで、踏まないように（左右の足幅は25～30cmくらい）歩いてみましょう。

上の歩き方を試していかがでしたか。構えたままですから、保持した竹刀の剣先が左右に振れないように歩かなければなりません。1と2では、どちらが歩きやすかったでしょうか。ほとんどの人は2の「直線をまたぐ歩き方」の方が歩きやすかったと思います。なぜでしょうか。1と2では何が違うのでしょうか。

剣先が左右に振れないということは、肩が振れないということです。肩が前後に動けば、両手で保持している竹刀の剣先は左右に振れてしまいます。さらに、肩が振れないためには、腰（骨盤）*1 が振れないことが大切です。腰が振れる、つまり回転することをローリングするともいいます。肩は骨盤の上に乗っていますから、腰がローリングすると肩が前後に振れてしまいます。

一直線上を歩くと剣先が振れやすいということは、試してみておわかりいただけたと思いますが、その振れ方には2通りあります。剣先が着地足側に振れる人と、着地足側の反対側、つまり遊脚*2 側に振れる人とがいます。どちらも骨盤がローリングすることがその原因です。両者とも、振り出される足と同じ側の骨盤が前に出ることは同じです。左足着地で右足が振り出されるときには右腰が前に、右足着地で左足が振り出されるときには左腰が前に出ます。

このときに、出ていく腰と同じ側の肩が前に動く人と、反対側の肩が前に出る人がいるのです。前者は胴体をひねらない人、後者は出ていく腰と反対側の肩を前に出して体幹をひねってバランスをとる人です。

＊1　骨盤

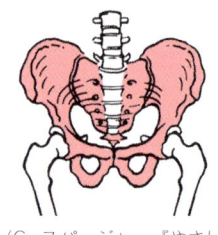

（C. スパージャー『やさしいダンスの解剖学』大修館書店）

＊2　遊脚
　歩行やランニングのときに、空中に浮いている足を遊脚という。

図1-1 一直線上を歩いたときに剣先が着地足側に振れる
歩くときに体幹をひねらない人は、一直線上を歩いたときに、剣先が着地足側に振れる。

図1-2 一直線上を歩いたときに剣先が遊脚側に振れる
歩くときに体幹をひねってバランスをとる人は、一直線上を歩いたときに、剣先が遊脚側に振れる。

図1-3 二直線上を歩くと剣先は左右に振れない
二直線上を歩くと、骨盤がほとんどローリングすることなく安定するため、剣先は左右に振れない。

　みなさんはどちらだったでしょうか。どちらの方がよいということはありません。両方とも、骨盤がローリングするために肩が前後に振れて剣先が左右に動いてしまいます。これらの歩き方が剣道には適さないことはいうまでもありません（図1-1、1-2）。

　一直線上を構えたまま歩いて剣先が左右に振れてしまう人でも、直線をまたいで歩くとほとんど剣先が振れないで楽に歩けます。直線をまたいでいますから、二直線上を歩いているのと同じです。

　二直線上を歩くと、なぜ、剣先が左右に振れることなく歩けるのでしょうか。もうおわかりだと思います。二直線上を歩くと骨盤がほとんどローリングすることなく歩くことができるのです。骨盤が安定しますので、その上に乗っている肩も振れません。ですから剣先も左右に振れることなく、自分の中心を維持することができます（図1-3）。

一直線歩行と二直線歩行

このように、剣道に必要な歩き方は骨盤がローリングしないということです。よって、剣道が上達するためには、歩き方を稽古する必要があるのです。では、私たちの日常の歩き方を検討してみましょう。

ふつうの歩き方で歩いてみよう

今度は、竹刀を置いて、ふつうの歩き方で一直線上と二直線上を歩いてみましょう。

「やってみよう1」と同様に、道場に直線を引きます。そして、竹刀を持たずにふつうの歩き方で、直線の上を、次に直線をまたいで歩いてみましょう。

まず、一直線上を歩いたときの腰と肩の動き方を自分で確認してください。一直線上を歩くとどうしても骨盤がローリングしてしまいます。振り出される足と同じ側の骨盤が前に出ていきます。ですから、私たちは反対側の肩を前に出したり腕を前に振り込んだりしてバランスをとります。これが一般に私たちが行っている歩き方の典型です。左右の足がほぼ一直線上を進みますから、「一直線歩行」といいます。

なぜ、このような歩き方になるのでしょうか。私たちは意識しなくても、頭の上から両足の中心を結ぶ線（軸）を感じています。このからだを串刺しにした想像上の線を中心軸といいます。中心軸は私たちが立って静止しているときに必要な軸（感覚）です。重心を通過する中心軸感覚がないと私たちは立っていられません。この中心軸感覚のまま歩くとどうなるでしょう。中心軸を保とうとしますから、振り出された足を中心軸の真下に接地させようとします。そのときの腰の動きを想像してください。振り出される足側の腰が前に出て腰がローリングします。このような歩き方を「中心軸歩行」ともいいます。

次に、直線をまたいで歩くとどうでしょうか。竹刀を持って構えたまま歩いたときと同様に、直線上を歩いた場合ほど骨盤が動かなくなります。この歩き方を「二直線歩行」といいます。この「二直線歩行」が剣道や他の武道などの

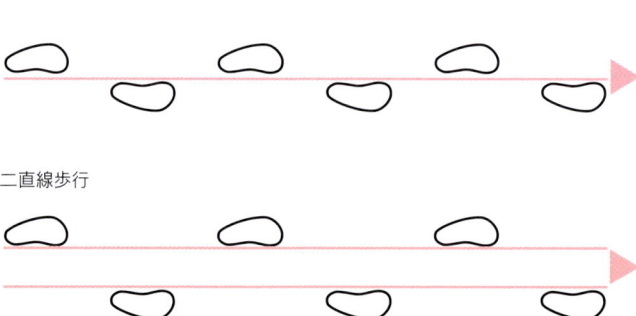

図1-4　一直線歩行と二直線歩行の足跡図

伝統的な身体操作の基本となります。日ごろから、この「二直線歩行」を心がけて身につけたいものです。

しかし、「二直線歩行」を心がけても骨盤が安定しない人がいます。実は、この「二直線歩行」には少しコツが必要なのです。次の「やってみよう3」を試してみてください。

つま先立ちと踵接地で歩いてみよう

つま先立ちで踵をつけることなく歩いてみてください。次にいつもより踵を長く接地させる（踵に常に荷重する）つもりで歩いてください。その際、一直線歩行、二直線歩行はそれほど意識しなくてもかまいません。

図 1-5　骨盤のローリングと靴の踵の高さとは深い関係がある

男性より女性の方が骨盤がローリングする傾向にあることの主因は、ハイヒールなど、踵の高い靴を履くことにある。

さて、つま先立ちと踵接地の歩き方では明らかに骨盤の動きが異なることがわかったでしょうか。つま先立ちの歩きでは骨盤がローリングし、踵荷重の歩きでは骨盤の動きが安定します。

現在の日本人の多くは骨盤の動きを抑えて歩くことが苦手です。なぜでしょう。それは靴に原因があります。私たちは物心ついたときから靴を履いて生活します。そして、靴の底は一般的に踵が高くなっています。つまり、私たちはいつもつま先立ちで歩いたり動いたりしているわけです。そのために、骨盤の動きを抑える歩き方ができなくなっているのです。

靴の踵の高さと歩き方にはとても深い関係があります。街中を歩いている人々を観察してみてください。男性より女性の方が骨盤がローリングする傾向にあります。これは男女の骨格の違いも考えられますが、女性はハイヒールなどの踵が高い靴を履くことが主因だと思われます。

剣道に適した歩き方を身につけるためには、日ごろからできるだけ踵の低い靴を履くことをおすすめします。

内股と外股で歩いてみよう

内股と外股で歩いてみましょう。どちらのほうが骨盤が安定するでしょうか。わかりやすいように内股・外股といういい方をしましたが、実際に歩くときには膝の向きをつま先の向きと一致させます。つまり、膝を内側に向けた場合と外側に向けた場合とでは、骨盤の動きはどのように変わるでしょうか。

内股歩行と外股歩行は、どうだったでしょうか。わかりやすいように少し極端にして歩いてみるといいと思います。そうです、内股歩行（図1-6）では骨

図 1-6　内股歩行
　内股歩行では、骨盤がローリングしやすい。

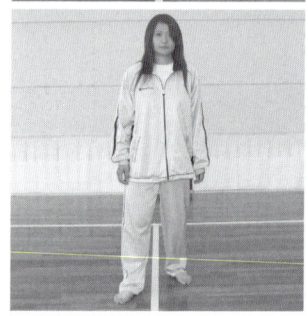

図 1-7　外股歩行
　外股歩行では、骨盤の動きが抑えられ、安定した歩行になる。

盤がローリングするのに対して外股歩行（図 1-7）では骨盤の動きが抑えられて安定した歩きになります。

　ここでは、内股・外股と表現しましたが、詳しくは股関節の内旋・外旋といいます。この股関節の内旋・外旋については後述することにします。

稽古法 1

二直線歩行を身につけよう

　日常生活で二直線歩行を心がけるようにしましょう。その際には、次のポイントに留意します。
1. 足幅を左右に多少広くして二直線上を歩くようイメージする。
2. 踵が低い靴を履く（できれば靴底が水平のものがよい）。
3. 足先と膝を少し外側に向ける。

[2] 現代人と侍（武士）の歩き方の違い

「二直線歩行」を学んだところで、さらに詳しく歩き方をみていきましょう。昔の侍（武士）は、私たちとは異なる歩き方をしていました。そして、それは侍（武士）だけではなく、他の職業の人々もそのような傾向があったと思われます。すでに学んだように、歩き方は履物に大きく影響されます。昔の人々は草履や草鞋を履いて生活していましたので、現代人のような歩き方はしていなかったはずです。また、和服を着用していましたので膝を高く上げたり、腕を前後に大きく振ることはできなかったと思われます。

ナンバ歩き

さて、昔の人々は具体的にどのような歩き方をしていたのでしょうか。昔の歩き方といえば、近年、「ナンバ」が話題となっています。まずは、ナンバから話を進めていきましょう。

やってみよう —5—

ナンバ歩きをしてみよう

みなさんは、ナンバ歩きをどのような歩き方だと理解していますか。実際に、自分がイメージするナンバ歩きで、歩いてみましょう。

ナンバ歩きと聞いて、どのような歩き方をイメージされたでしょうか。近年、スポーツ界でもナンバについて関心がもたれるようになりました。しかし、もともとナンバは舞踊の世界で語られてきました。30年ほど前に、歌舞伎や映画の演出・研究家であった武智鉄二氏が、ナンバやナンバ歩きについて著書などで紹介しています。その後、多くの人々がナンバについて語っていますが、その要点は次のように整理することができます。

(1)同側の手足が前に出る。
(2)左右の半身を繰り返す。
(3)上体（体幹）をねじらない。

一般にナンバとは、歌舞伎や舞踊の演技で右足が出るときに右手を出すような、ふつうとは逆の手足の動作のことといわれています。ですから歩くときも右足が出るときに右手を出し、左足が出るときに左手を出すというように理解している人も多いのです（図1-8）。しかし、武智氏はこの解釈は正確ではないと述べています。「日本民族のような農耕民族の労働は、つねに単え身でなされるから、したがって歩行のときもその原則を崩さず、右足が前にでるときには右肩が前に出、極端にいえば、右半身全体が前に出るのである」（『舞踊の芸』東京書籍）としています。単え身とは半身のことです。

このようにナンバ歩きについては、同側の手足が同時に前に出ると理解している人も多く、具体的には左右の半身を繰り返して歩くものとイメージする人

*3 武智鉄二氏
1912年大阪生まれ。1939年、雑誌『劇評』を創刊し、評論活動を行う。1949年から、関西の若手歌舞伎俳優を起用して、歌舞伎を演出し「武智歌舞伎」として話題を集める。以後、能、舞踊、オペラ等の演出を行うとともに、映画の監督も手がける。1988年没。

図 1-8　ナンバ歩き（1）──同側の手足が一緒に出る
　ナンバ歩きは、右足が出るときに右手を出し、左足が出るときには左手が出ると理解されていることが多い。

図 1-9　ナンバ歩き（2）──左右の半身を繰り返す
　右足が出るときには右肩が出、左足が出るときには左肩が出るというように、左右の半身の姿勢を繰り返しながら歩くというのが、実際のナンバ歩きに近いと考えられる。

が少なくありません（図 1-9）。

　さらに、武智氏は『舞踊の芸』の中で、左右の半身を繰り返す歩き方について、「しかし、このような歩行は、全身が左右交互に無駄に揺れて、無駄なエネルギーを浪費することになるので、生産労働の建て前上好ましくない。そこで腰を入れて、腰から下だけが前進するようにし、上体はただ腰の上に乗っかって、

図 1-10　能の運歩
（神戸女子大学古典芸能研究センター所蔵）

いわば運搬されるような形になる。能の芸の基本になる運歩もこのようにしてなされるのであって、名人芸では上体は絶対に揺れることがない」とも述べています（図 1-10）。

片踏み

　みなさんは「ナンバ」をどのように理解していましたか。どの解釈も間違いとはいえません。歩きだけではなくさまざまな動きを検討すると、同側の手足が同時に前に出たり、左右の半身を入れ替える動作は頻繁に見受けられます。しかし、剣道に必要な足さばきの基

図 1-11　飛脚（左）、駕籠かき（右）の動きは片踏みの典型

（『別冊歴史読本　異国人の見た JAPAN』新人物往来社）

礎は、すでに説明したように骨盤がローリングすることなく歩くことです。それによって、肩の動きも抑えられ、竹刀を保持したまま前後左右にすばやく動くことができるのです。

さて、ナンバに関連して「片踏み」についても触れておきたいと思います。片踏みという言葉をはじめて聞く人も多いと思いますが、これは半身姿勢のまま歩く（走る）ことをいいます。半身という姿勢もいろいろな解釈があるのですが、ここでは左右どちらかの足と肩が前に出た姿勢をいいます。つまり、右自然体や左自然体のことです。片踏みとは、この右自然体や左自然体のまま、歩いたり走ったりすることをいいます。

たとえば、文箱を担いで走る飛脚や駕籠かきの動きは片踏みです。そして剣道の動きは典型的な片踏みです。この片踏みの動きも、肩と骨盤が捻られたり振れたりすればできません。この片踏みこそ本来のナンバの原理です（図1-11）。

侍の歩き方

テレビなどで時代劇をみて、若い俳優が侍に扮して歩いている姿を見ると、なんとなく不自然さを感じてしまいます。歩き方が侍らしくありません。それは左の腰に差している刀が前後に振れすぎるからです。これを前から見ると、刀が左右に動いていることがよくわかります。

黒澤明監督[*4]は映画撮影のときに、侍の歩き方について指導をしたそうです。代表作「七人の侍」には、まだ若いころの仲代達也さん、宇津井健さんが通行人役で登場していますが、侍の歩き方ができなくて何十回も撮り直しをしたというエピソードが残っています。侍は和服を着て左腰に二刀差していました。現代人の歩き方では腰が安定せずに、刀が前後に大きく振れてしまうのです。「腰を落とし気味にして胸を自然に張り、からだ全体を腰から前に押し出すように歩け」と指導されたといいます。

実は、この侍の歩き方こそ、現代のスポーツや武道、とくに剣道の動きには大切なものなのです。

*4　黒澤明監督
　1910年東京生まれ。映画監督・脚本家。1943年「姿三四郎」で監督としてデビューし、「羅生門」「七人の侍」等の作品を手がけ、海外でも高い評価を受ける。1998年没。

左腰に刀を差して歩いてみよう

稽古着、袴を着て左の腰に木刀（模擬刀があればなおよい）を差して歩いてみましょう。そして、左右の足と木刀の動きを観察してみましょう。

さて、左腰に木刀を差して歩くとその動きはどのようになるでしょうか。二直線歩行を意識することを忘れないでください。左手は木刀に添えてもけっこうです。ほとんどの人は、左足の動きと木刀の動きが一致して木刀が大きく前後に振れしまうでしょう（図1-12）。

図1-12 左足と木刀の動きが一致した歩き
　足の動きに腰が引きずられるように前後に動くと、腰の木刀は大きく振れてしまう。

図1-13 左足と左腰の動きが逆になった侍の歩き
　着地足側の腰を前に押し出すように歩くと、木刀は大きく振れない。

左足と木刀の動きが一致するというのはどういうことでしょうか。木刀の動きは左腰の動きと一致します。二直線歩行を意識しても、ほとんどの人は左足と左腰の動きが一致してしまうはずです。左足と左腰の動きが一致しているということは、右足と右腰の動きも一致しているということです。右足着地で左足が振り出されるときには左腰が同時に前方へ動くのです。左足着地ではその逆です。つまり、足の動きに腰が引きずられて前後に動いてしまうのです。これは、私たちが歩くときの一般的な動きです。ほとんどの人は同側の足と腰の動きが一致しています。

　それでは、腰が安定した侍の歩きというのはどのような歩き方なのでしょうか。それは、黒澤監督が指導したとされる「からだ全体を腰から前に押し出すように歩く」というからだの使い方です。これだけではわかりにくいですね。具体的にいえば、着地足側の腰が前に押し出される歩き方です。

　みなさんやってみてください。むずかしいでしょうか。前項で紹介したように、二直線上を踵をなるべく長く接地させて、つま先と膝がやや外を向いたまま着地足側の腰を押し出すようにして歩きます。最初はゆっくり歩いてみてください。徐々に着地足側の腰が前方に動くようなってきます（図 1-13）。

　このように、着地足側の腰が前に出ていく歩き方を「常歩歩行」といいます。私たちはこの歩き方をナンバやあらゆるスポーツ・武道の動きを検討することにより発見しました。そして、常歩歩行を基礎としてさまざまな合理的な動きが導き出されることがわかってきました。これは剣道のさまざまな動きにも応用できます。剣士であればぜひ身につけたい歩き方です。

　この歩きに挑戦すれば、おおよそ 2 ～ 3 ヶ月で、腰の動きを意識することなくできるようなります。この常歩歩行を、すでに紹介した「中心軸歩行」に対して「二軸歩行」ともいいます。

竹刀（刀）を抜き合わせてみよう

　立礼から 3 歩進んで竹刀（刀）を抜き合わせます。竹刀（刀）を抜くのは 3 歩目の右足が出ていくときですか、それともその後の左足が引き付けられるときでしょうか。

図 1-14　立礼から刀を抜き合わせる
　刀を抜くには、左の腰が引かれ鞘が後方に動く必要がある。常歩歩行が身につくと、右足が着地し左足が前に移動するときに刀が抜きやすくなる。

この問いに即答できた人は、常歩歩行、つまり侍の歩き方が理解できた人です。正解は、3歩出た後、左足が右足に引き付けられるときに竹刀あるいは刀を抜き合わせます。もともと刀を抜くためには、左の腰が引かれ鞘が後方に動く必要があります。中心軸歩行の人は右足が振り出されるときに着地足側の左腰が引けるため、そのときが刀を抜きやすいのです。しかし、常歩歩行が身につくと、右足が出て着地し左足が前に移動するときに刀が抜きやすくなります。何度も繰り返して足と腰の動きを確認してみましょう（図1-14）。

スプリンターの腰の動き

　さて、一般的な中心軸歩行と二軸歩行（常歩歩行）の足と腰の動きの違いは理解できたでしょうか。実は、この常歩歩行の特性である着地足側の腰が前に出る動きというのは、世界のトップレベルのスプリンターの動きの特性と一致するものです。侍の腰の動きとトップスプリンターの腰の動きは同じなのです。

　最近のスポーツ科学研究は、シドニーオリンピック男子100mの覇者、モーリス・グリーン選手と日本のトップレベルの選手では着地足の股関節にかかる力の向きの転換時期が異なることを突き止めました。たとえば、左足が着地しているとします。グリーン選手は左足が地面から離れるときには、すでに左股関節には前向きの力が加わっています。左足が着地している間に股関節に加

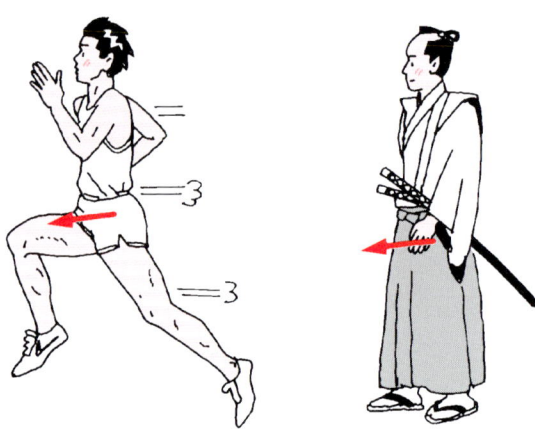

図1-15　侍の動きとスプリンターの走り

稽古法 2　常歩歩行を身につけよう

　稽古法1の二直線歩行が身についたら、次は着地足側の腰を押し出す常歩歩行に挑戦しましょう。日常生活で歩くことが稽古になります。

　道場では左腰に木刀を差して、足と腰の動きを確認しましょう。

わる力が後ろ向きから前向きに転換したものと思われます。しかし、日本人選手では、この力が前向きに転換されるのは、左足が地面を離れた後なのです。

この結果は、中心軸歩行と二軸歩行との腰の動きの違いとほぼ一致しています。侍の歩きと現代のトップスプリンターの走りが同じ原理だとしたらこんなに痛快なことはありません（図1-15）。

[3] トップスプリンターはすり足で走る

短距離走の速さは何によって決まるのか

前項でトップスプリンターの動きが登場したところで、もう少し短距離走について考察してみましょう。若い人は、カール・ルイス[*5]（アメリカ合衆国）という選手をご存知でしょうか。1980年〜90年代に圧倒的な速さを誇ったスプリンターです。彼は計4回のオリンピックで9個の金メダルを獲得しています。1991年に開催された世界陸上選手権・東京大会でも、100m走で当時の世界新記録である9秒86をマークして優勝しました。その東京大会で、わが国のバイオメカニクス研究グループが各国トップ選手の動作分析をしました（『世界一流陸上競技者の技術』ベースボール・マガジン社）。その中で、カール・ルイス選手と日本のトップレベル選手とのスプリント動作の比較がなされています。

その分析結果を簡単に紹介すると疾走速度と関係があったのは、接地する直前からキック局面の中間地点までの脚の後方スイング速度のみであり、その他の引き付け（キックし終わった脚を折りたたむ動作）、もも上げ、振り出しの速度は疾走速度とは関係がないというものでした。一言でいえば、前方から後方へ脚が運ばれる速度だけが走る速さと関係があるということです。そして、

*5 カール・ルイス選手
　1961年アメリカ生まれ。1984年のロサンゼルス・オリンピックで100m、200m、走り幅跳び、400mリレーの4種目で優勝。以後、ソウル、バルセロナ、アトランタ・オリンピックに出場し金メダルを獲得。とくに、36歳のときに出場したアトランタ・オリンピックでは、走り幅跳びで8m50を跳び、同種目オリンピック4連覇をなしとげた。

図1-16　カール・ルイス選手
（PHOTO KISHIMOTO 提供）

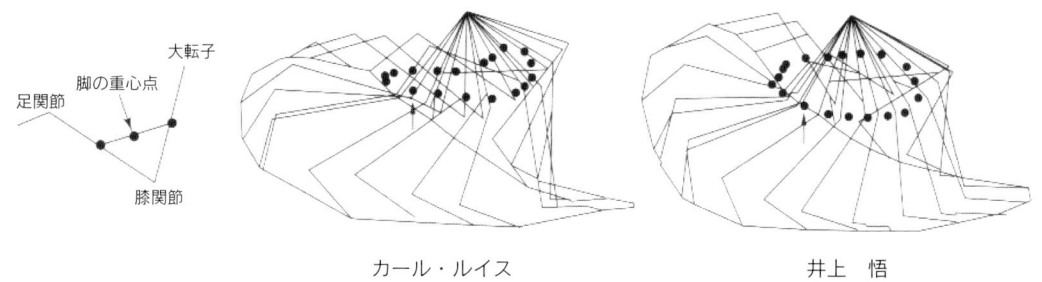

図1-17　脚重心点の軌跡
股関節の位置を固定して描いた脚の動きを示したもの。

　カール・ルイス選手の後方スイングは日本選手に比べて倍近く速かったのです。
　この結果から、みなさんはどうすれば速く走れるとイメージしたでしょうか。脚を前方から後方へ運ぶ（スイングする）のですから着地足ですばやく地面を蹴ればよいと思うかもしれません。ところが、カール・ルイス選手のトレーニング内容を調査してみると、後方スイング自体のトレーニングは一切していませんでした。さらに、彼のコーチであるトム・テレツ氏は、「脚を意識して後方へスイングすると疾走速度があがらない」と語ったといいます。つまり、後方へ蹴る動きをすると速く走れないと語ったのです。
　トム・テレツコーチが、日本で短距離のコーチングクリニックを開催したときに、彼が強調したのは、(1)脚を真下に踏みつける、(2)脚をターンオーバーさせる、という2点であったといいます。そして、日本人スプリンターのどこがいけないのかという質問に対して、「とにかく日本人の脚はターンオーバーしていない」と語りました。
　さて、脚が「ターンオーバーする」とはどういうことでしょうか。テレツコーチはターンオーバーを説明するときに手を自転車のチェーンのようなひしゃげた形にぐるぐると回したそうです。
　図1-17を見てください。黒丸は脚の重心点を示します。これを見ると一目瞭然です。ルイス選手の重心点の軌跡は平らになっています。それに比べて日本のトップ選手のそれは円に近い形になっています。この原因は、実線で示された足先の軌跡を見ると明らかです。ルイス選手のそれは最高点を通過後、急

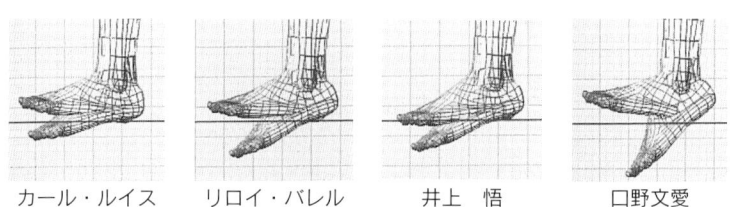

図1-18　カール・ルイス選手と他の選手の疾走中の足首角度

激に下方向へ移動しています。テレツコーチが語った、脚を真下に踏みつけるというのはこの動きであると思われます。

また、彼が本当に地面を蹴る動作をしていないこともわかりました。疾走中のルイス選手の足首を使う角度範囲は約20度です（図1-18）。テレツコーチがいうように真下に踏んでいます。まさに、蹴らないとうイメージの動きだったのです。ルイス選手は遊脚をすばやく前方へターンオーバーさせることによって後方スイング速度を上げていたわけです。

さて、世界のトップスプリンターは地面を後方に蹴らないことがおわかりいただけたと思います。ところが、この蹴らずに遊脚を操作する足の運び方こそ、すり足の原理なのです。そして、このすり足こそが常歩歩行の原型です。

すり足に挑戦してみよう

すり足で歩いてみましょう。すり足というと送り足を想像する剣士も多いようですが、ここでは歩み足のすり足に挑戦してみましょう。

すり足は、左右の足が床から離れないようにして歩きます。このとき、後ろ足でからだを押し出すように歩く人が多く、剣士でもすり足の原理を知らない人がほとんどです。

すり足の基礎の稽古をしてみましょう。まず、ふつうよりも多少左右の足幅を広くして立ちます。これはすでに述べたように二直線上を歩くためです。膝とつま先をわずかに外に向けましょう。この状態から、たとえば右足を前進させるのであれば、左足の踵を支点として右足を出していきます。このときに右足のつま先を右膝よりも前方に押し出すようにする人が多いのですが、そうではなく、膝をつま先より前に出すようにします。この動きを「膝の抜き」といいます。右足の前進が止まり踵が下がってきます。右踵が接地するとほとんど同時に左踵が上がり同じように左膝から左脚が前進します。この動きを繰り返します。

すり足の基礎は一足長で稽古しましょう。一足長とは横から見たときに送り

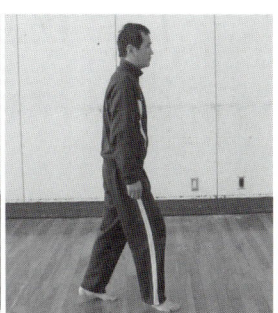

図1-19　すり足の基礎
　前に振り出す足と反対側の足の踵を支点にし、振り出す足は、つま先と膝をわずかに外側に向け、膝をつま先より前に出すようにして足を運ぶ。

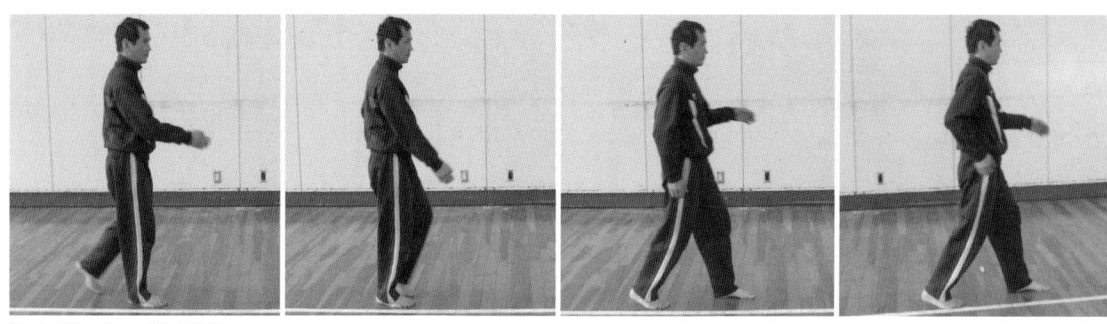

図 1-20　ナンバ型すり足
脚と腕の動きがほぼ一致し、肩は順回転する。

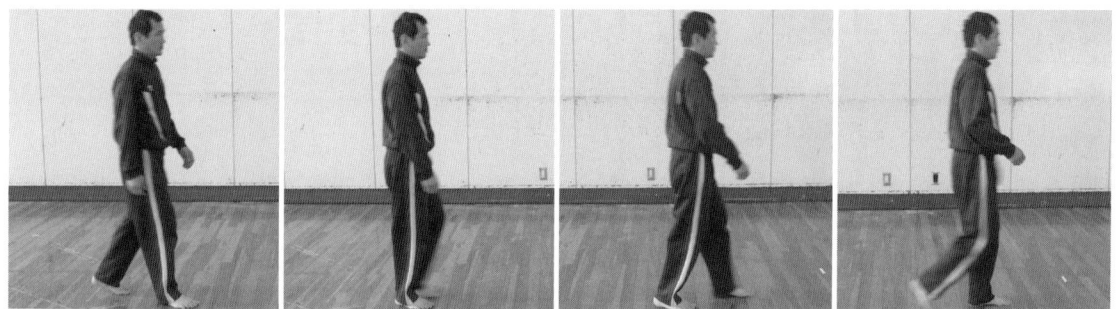

図 1-21　交差型すり足
ふつうの歩きのように脚と腕で動きが交差し、肩は逆回転する。

　出された足の踵が着地足のつま先の位置にくる歩幅をいいます。最初は腕を振らなくてもいいでしょう。徐々に速く歩けるように稽古してください。
　着地足は蹴るのではなくからだを支え、送り出される脚が上方ではなく水平前方向に送り出されるターンオーバーの動きを感じることができると思います。このすり足こそ、世界のトップスプリンターが応用している原理です（図1-19）。
　さて、すり足の稽古に慣れてきたら、少し腕を操作してみましょう。腕の操作方法には2通りあります。
　まず、脚の運びと腕の振りをほぼ一致させてみましょう。左足着地で右足が前方へ振り出されるときには右腕が前方へ、右足着地で左足が前方へ振り出されるときには左腕が前方へ振り出されます。しかし、この動きはナンバで述べた左右の半身を繰り返す動きではありません。
　極端にいうと、左足着地で右足が振り出されるときには左腰と左肩が前に出ます。そのときに反対側の右腕が前方へ振り込まれるのです。そして、着地足側の肩が下方向に引き込まれるように動きます。肩の動きは横から見ると進行方向に向かってタイヤが回転（順回転）するように動きます。このすり足を「ナンバ型のすり足」といいます（図1-20）。
　次は、ふつうに歩くときのように、左足着地で右足が振り出されるときには左腕が、右足着地で左足が振り出されるときには右腕が前方に振り込まれます。このときも、着地足側の肩が下がるようにします。肩の動きは進行方向に向か

って逆回転するように動きます。このすり足を「交差型のすり足」といいます（図 1-21）。

この 2 通りのすり足は、足の動きに対して肩の操作が異なります。一般に連続した動きには、交差型が応用できますが、剣道の打突動作には両方のすり足が応用できます。2 通りのすり足を稽古することをおすすめします。

これらのすり足の稽古を繰り返しましょう。この歩き方が剣道の足さばきの基礎となります。現代の剣道界では、歩き方を指導することがほとんどなくなりました。構えを教えた後に、いきなり送り足を教えます。しかし、その前にすり足を十分稽古したいものです。

腰を落とすとは

すり足の稽古を繰り返しても、着地足で後方に蹴らずにからだを支えたり、振り出される足が膝から前進するというようなターンオーバーの感覚がつかめない人もいることでしょう。そのような人のほとんどは骨盤が後傾しています。侍歩きで黒澤監督が「腰を落とし気味にして胸を自然に張る」ように指導した話をしましたが、これは骨盤を前傾させることを意味しています。

腰を落として立ってみよう

ふつうの姿勢（足を肩幅くらいに開いて、膝を伸ばした姿勢）から、腰を落として立ってみましょう。

みなさん、「腰を落として立つ」と聞くとどのようにするでしょうか。腰を落とすというと、膝を曲げてそのまま重心位置を少し下げる人がほとんどだと思います。

しかし、腰を落とすという本当の意味は、膝を曲げると同時に骨盤を前傾させることにあります（図 1-22）。骨盤を前傾させると自然に胸が張ってきます。胸を張るというのは骨盤の前傾を意味しているのです。

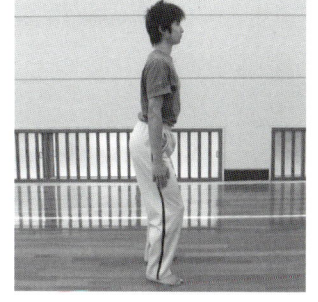

図 1-22　骨盤を前傾させて腰を落とす
腰を落とす際には、膝を曲げると同時に骨盤を前傾させるのが重要である。

正座をして骨盤を前傾・後傾させてみよう

正座をして腰を前に押し出して骨盤を前傾させたり、腰を引いて後傾させたりしてみましょう。

　骨盤を前傾させたり後傾させたりする方法は、立位と正座では異なりますが、ここでは胸の張りと骨盤の状態がわかるように正座をして行います（図1-23）。正座をして骨盤を前傾させたり後傾させたりしてください。そうすると、胸の張りとの関係がよくわかると思います。骨盤を前傾させれば胸は張られます、後傾させれば胸は閉じます。剣道ではよく、「胸を張れ」といわれますが、その意味は、骨盤を前傾させることをいっているのです。からだを前進させるときには、この骨盤の前傾はとても大切な要素となります。

　腰を落とす意味がわかったら、もう一度、姿勢を確認してすり足をしてみましょう。思い切って骨盤を前傾させましょう。骨盤が前傾するとからだが前かがみになって悪い姿勢に感じますが、最初はそれでかまいません。今度は蹴らずに、からだが進む要領がわかると思います。

　すり足の感覚がわかったでしょうか。多少乱暴にいうと、感覚的にはすり足の原理は、踵で着地しつま先で蹴る「中心軸歩行」とは逆の操作です。つま先で接地し踵で離地します。踵で離地するときには、足裏全体がパッと一瞬にして離れる感覚になります。実際には踵、つま先の順序ですばやく離地しますので一見鋭く蹴っているように見える場合があります。しかし、この歩き方ではまったく蹴っていません。踵を踏んだ瞬間に膝をぱっと前方に送って前足に軸を移し換えるのです。

図1-23　正座をして骨盤を前傾・後傾させる
骨盤を前傾させれば胸は張られ（左）、後傾させれば胸は閉じる（右）。

稽古法 3　すり足の稽古をしよう

道場で、すり足を繰り返し稽古しましょう。最初は手を振らず、慣れてきたら「ナンバ型すり足」、「交差型すり足」に挑戦しましょう。

[4] 踵で前進、つま先で後退

きびすを踏む

常歩歩行やその原型であるすり足を稽古したところで、剣道に必要な具体的な動きについて学びましょう。

「きびすを踏む」ということをご存知でしょうか。これは『五輪書』*6（宮本武蔵著）*7 に記されている表現です。きびすとは踵のことです。次にその原文を引用します。

*6 五輪書
　宮本武蔵が二天一流（二刀流）および兵法観について解説した兵法書。地之巻、水之巻、火之巻、風之巻、空之巻の5巻からなる。

*7 宮本武蔵
　1584‒1645年。江戸時代前期の剣豪。諸国を修行して歩き、二刀流を創始。絵画や彫刻にもすぐれ、水墨画等が残されている。

> 足のはこびやうの事、つまさきを少うけて、きびすをつよく踏べし。足つかいは、ことによりて大小遅速はありとも、常にあゆむがごとし。足に飛足、浮足、ふみすゆる足とて、是三ツきらふ足也。
> 此道の大事にいはく、陰陽の足と云是肝心也。陰陽の足とは、片足ばかりうごかさぬもの也。きる時、引時、うくる時迄も、陰陽とて、右ひだり右ひだりと踏足也。返々片足ふむ事有べからず。能々吟味すべきもの也。

[現代語訳]

　足の運びは、爪先をやや浮かし、きびすをつよく踏む。足のつかい方は場合によって大小遅速の相違はあるが、ふつうに歩むように自然に使うこと。飛ぶような足、浮きあがった足、固く踏みつけるような足の三つはいずれもよくない。

　足のつかい方にあって、陰陽ということが大切とされている。これは、片足だけを動かすのではなく、切る時も、退く時も、受ける時も、右左、右左と足を運ぶのである。くれぐれも、片足だけを動かすことがないよう、十分注意するようにせよ。

（宮本武蔵著・神子侃訳『五輪書』徳間書店）

図1-24　宮本武蔵像
（熊本県・島田美術館蔵）

　この武蔵の教えは、現代剣道の教えとは異なります。現在では、構えにおいて左足の踵は上げる（床から浮かせる）ことが常識になっています。右足についてはさまざまな指導がなされていますが、拇指球に足圧（足裏にかかる圧力）をかけ、踵はわずかに浮かせるという教えもあるようです。

　いずれにしろ、現代剣道では、武蔵の教えのように踵を強く踏むという指導はほとんどされていません。この武蔵の教えはどのような意味をもつのでしょうか。現代剣道の教えは、打突後にからだが前進することが多い「竹刀打ち剣道」に適したものであり、武蔵の教えは日本刀の操作に適したものなのでしょうか。

前後から押されたどうなるか試してみよう

やってみよう —11—

足を肩幅くらいに開き、膝を少し曲げて立ちます。その状態で、前から両肩付近を人に押してもらいます。後ろに倒れないためには、足のどこに体重がかかりますか。試してみましょう。次に、同じ要領で後ろから押してもらいましょう。

さて、前から押されたときに足底のどこで体重を支えましたか。そうです、踵です。何回か試してみてください。私たちは後ろへ倒れないためには、踵でからだを支えようとします。では、後ろから押されたときはどうでしょう。この場合は、つま先（拇指球）付近でからだを支えようとします（図1-25）。

何か変ですね。前から押されるということは、からだが後退しないように前に進めるのと同じです。この場合は踵を踏むのです。後ろから押された場合は、前に進まないようにつま先に体重がかかります。

さらに、次の「やってみよう 12」をしてみましょう。

立った状態で踵やつま先で床を押してみよう

やってみよう —12—

足を肩幅くらいに開き、膝を少し曲げて立ちます。その姿勢のまま（重心位置をそのままにして）、足底が床から離れないようにして、踵やつま先（拇指球）で床を押してみましょう。からだはどのように動きますか。

いかがでしたか。重心位置をそのままに保ち、踵に圧力をかけるとからだは前に倒れようとします。後ろに倒れる人は、重心位置を後方へ移動させつま先を浮かせています。逆に、つま先で床を押すとどうでしょうか。今度は、からだは後ろへ倒れようとします（図1-26）。

これらのことからわかるのは、つま先（拇指球）で蹴るという動作は、もともとからだを前方へ進めるための操作ではないということです。からだを後退させるための操作なのです。逆に、踵を踏むことによってからだは前進します。

私たちは、踵を踏むあるいは踵でからだを支持していては、すばやく前に進

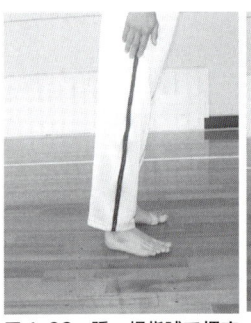

図1-25 前・後ろから押されたらどうなる？
人は前から押されると、後ろへ倒れないように踵でからだを支えようとする（左）。逆に、後ろから押された場合は、からだをつま先で支えて、前へ倒れまいとする（右）。

図1-26 踵・拇指球で押す
踵に圧力をかけると、からだは前に倒れようとし（左）、拇指球で押すと後ろに倒れようとする（右）。

二軸動作と圧力中心点の軌跡

　膝を抜いて踵を踏んで出ていくのと、つま先で蹴って出ていくのとどちらが動作時間が短いか、2人の被験者で実験をしてみました。一人は、二軸動作に慣れた被験者A（51歳）、もう一人の被験者Bは、二軸動作に慣れていない少林寺拳法を行っている学生（23歳）です。

　2台の地面反力計（縦横50cm）を縦方向に並べます。被験者は、手前の地面反力計の後方に両足をそろえて立ち、目の前のランプがついたら、できるだけすばやく前の台に移動します。乗り移り方は、右足、左足の順に前に送り、前に置いた台のほぼ真ん中に両足をそろえて立って静止します。

　移動のしかたは2通り行いました。条件1は、左右の足先をそれぞれ約30度ずつ外旋させて立ち、ランプがついたら、膝を抜いて踵を踏んで出ていきます。条件2では、足先をやや内側に向けて立ち、左足のつま先（拇指球）で蹴って出ていきます。各条件、10試行ずつ行い、各被験者の平均値を算出しました。

　ランプがついてから右足が前の台に着くまでの時間は、被験者Aが、条件1では815ms、条件2では929ms、被験者Bは、条件1では718ms、条件2では731msでした。また、ランプがついてから左足が台から離れるまでの時間は、被験者Aが、条件1では875ms、条件2では935ms、被験者Bは、条件1では828ms、条件2では837msでした。二軸動作に慣れた被験者Aは、右足が着地するまでの時間も、左足が離れるまでの時間も、条件1の方が短かったのですが、踵を踏んで出ていく動作に慣れていない被験者Bは、条件1と2で差が認められませんでした。つま先で蹴って出ていく動きになじんだ動きを解除して、膝を抜いて踵を踏んで出てゆく動きに慣れるには、時間がかかるようです。

　図(1)と(2)を見てください。これは、後方の地面反力計から得られた圧力中心点の前後方向の移動軌跡について、被験者Aの2つの条件での典型例を描いたものです。被験者Aの場合、踵で踏む条件1では、両足のほぼ真ん中にあった圧力中心点が、15cmくらい後方、踵の方に移動し（正確にはやや右にも移動している）、右足を浮かすために、左足に圧力中心点が寄り、しかも左足踵に圧力中心点がしばらく留まってから、左つま先の方に移動しました。ところが、つま先で蹴る条件2では、圧力中心点の踵側への後方移動距離もやや短く、後方に留まらずに、すぐにつま先に移動するパターンを示しました。図(3)をみると、2つの条件の違いが一目瞭然です。

　からだが前に移動するのは、被験者が後方に押して、その反作用の力（前向きの反力）が働くからです。前向きの力が大きければ、前にすばやく移動するのに有利になります。被験者Aの場合、条件1では、最初に乗っていた地面反力計から得られた前方向の地面反力のピーク値は210N（ニュートン）、条件2では、153Nでした。したがって、条件1において前に移動する時間が短かったのは、この力の差がその一因と考えられます。一方、2つの条件で前に移動する時間に差がなかった被験者Bの場合、条件1と2でのピーク値は142Nと138Nを

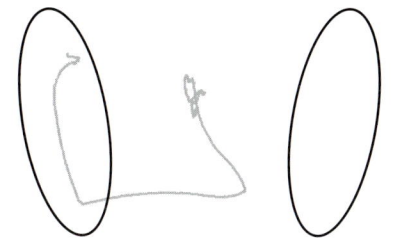

(1) 被験者Aの条件1の圧力中心点軌跡　（進矢正宏作図）

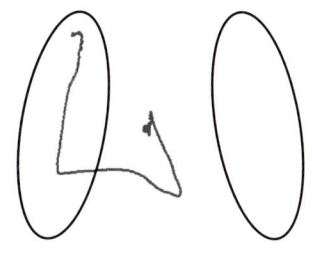

(2) 被験者Aの条件2の圧力中心点軌跡　（進矢正宏作図）

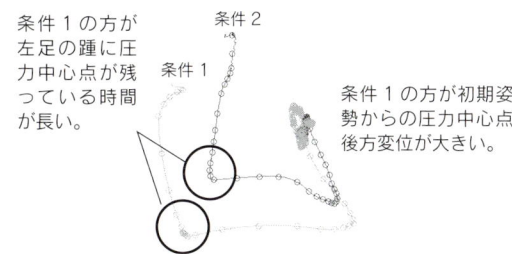

(3) 被験者Aの条件1と2の圧力中心点軌跡の比較
　　（軌跡上の○は20msごとにつけたもの。進矢正宏作図）

示し、その間に差はみられませんでした。

　静止している状態では圧力中心点（支持点）は重心の真下にあり、重力と地面反力はつりあっています。前に踏み出すとき、まず足の筋活動（主に親指先を上げる脛の筋肉：前脛骨筋）によって圧力中心点を踵の方へ移動させます。このとき重心の位置はまだ動いていないのですが、相対的に重心点が支持点より前に位置することになります。そのため地面反力ベクトルは斜め前方向になり、前に移動することができるのです。条件2の場合も、圧力中心点がいきなりつま先の方に移動するのではなく、いったん踵の方に移動します。前に移動しようとすると、無意識的に圧力中心点が後方に動くことは、からだの動きとして実に不思議なことです。

　ここで、膝を抜く動作で踵を踏むとどうなるかを考えてみましょう。踵を踏むと圧力中心点はより後方へ移動します。すると地面反力ベクトルの傾斜角度はより大きくなり、地面反力の前向きの成分が増えることにより、よりすばやく大きい踏み込みができるようになるのです。50歳代の被験者Aは、さすがに被験者Bの学生よりも動作時間はやや遅かったようですが、踵で踏む条件1の方が、つま先で蹴る条件2よりも速く動くことができたのは、上記のような理由によるものと思われます。

図 1-27 アテネ五輪で優勝したときに野口みずき選手が履いたものと同型のマラソンシューズ
（株式会社アシックス提供）

めないと錯覚しています。読者のみなさんも、足のつま先側に足圧がかからないとからだは前進しないと思ってはいないでしょうか。とくに日本では長い間、拇指球付近に体重をかけることによってからだを進めると教えられてきました。ですから、踵が高いスパイクが好まれる傾向にありました。

ところが、最近のトップアスリートの中には踵が低いスパイク、つまり靴底が水平な靴を好む選手が多くなってきました。大リーグで大活躍しているイチロー選手が使用している試合用スパイクは、フラットソールのようです。また、アテネオリンピック女子マラソンで金メダルを獲得した野口みずき選手や、同じくシドニーオリンピックで金メダルを獲得した高橋尚子選手のシューズもほぼフラットなソールだと聞いたことがあります。

スパイクの踵が低いということは、踵側に体重が乗りやすいということです。逆に、踵が高い靴を履けば、つま先（拇指球）側に体重が乗りやすくなります。一般には、踵が高い方がからだが前傾して前に進みやすいと理解する人が多いようですが、これらの選手は踵を踏むことによって高いパフォーマンスを発揮しているのです。

膝を抜く

踵やつま先で体重を支えることによって、前進は踵、後退はつま先がアクセルになることがわかりました。しかし、これではすばやく動くことはできないと感じませんか。すばやく動くためには、もう一つ操作するからだの部分があります。それが膝です。膝を抜いて重心を速やかに落下させることによって、すばやい動きが可能となるのです。

膝を抜くと同時につま先を押してすばやく後退しよう

ペアになって 50cm くらいの距離で向かい合います。後退する人、相手にタッチする人を決めておき、もう一人別の人にその合図をしてもらいます。後退する人は、合図と同時に相手にタッチされないように後退しましょう。

膝の抜きは、後退から覚えた方がわかりやすいと思います。合図と同時に、

図 1-28　膝を抜いて後退する

　相手にタッチされないように後退しようとしても、左右どちらかの足で蹴ったり、膝の抜きを使わずにつま先で床を押すだけだと相手にタッチされることが多いと思います。

　そこで、膝を一瞬曲げながらつま先で床を押します。すると、からだは斜め下方向に落下しながら後退します（これを試みるときは、最初、後ろに倒れる人がいるので気をつけてください）。膝の抜きを覚えるとほとんど相手にタッチされなくなります。

　ここで注意したいのは、蹴ったときの方が、膝を抜いたときに比べるとからだがよく動いているように感じることです。これは力感（からだに力が入って筋肉が働いていると感じること）がある方が、からだが動いているように錯覚するためです。

　自分の膝の動きを観察してみましょう。拇指球で蹴って後退する場合には、膝関節は伸展しながらからだを後方に移動させます。しかし、膝を抜いて後退する場合は、膝関節は屈曲しながら後方に移動します。蹴る後退は重心を持ち上げながら動くのに対して、膝の抜きを使った後退は重心を落とすことによって可能になります。この両者のからだの使い方はまったく逆であることがわかります。膝を抜くことによって、筋力に頼らずに重力をうまく使って動けるようになります。

　では、次に前進をしてみましょう。後退はすぐに感じがつかめる場合が多いのですが、前進は少し稽古が必要になるかもしれません。

片足立ちから一歩前進しよう

　前進は片足立ちから稽古します。片足立ちから、踵の踏みと膝の抜きを使って一歩前に出てみましょう。剣士のみなさんなら、左足の片足立ちで稽古をすれば、第3章の打突動作につながっていきます。

　片足立ちからの前進はうまくできましたか。最初はむずかしいと思います。軸足となる立ち足の踵は上げません。踵を上げたい人は拇指球で蹴ってからだを進める感覚が残っている人です。立ち足の踵を踏みながら膝をぱっと抜いて

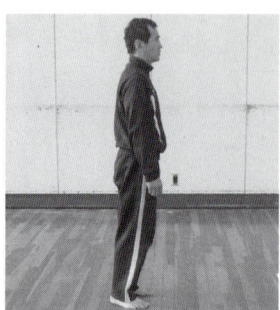

図1-29 片足立ちから一歩前進
左足で片足立ちをし、その踵を踏みながら膝をぱっと抜いて一歩前に出る。

ください。そうすると力を入れなくてもからだは前に進みます。

何度も挑戦してください。踵を踏むことと膝を抜くことはワンセットであることがわかると思います。これらの動きができてくると、足裏がぱっと一瞬にして離れるような感覚が出てきます。力を入れるのではなく、力を抜くことによって動く感覚を身につけましょう。

この踵の踏みと膝の抜きを左、右と繰り返すと常歩歩行になります。すでに、常歩歩行は着地足側の腰が前に出る動きであると述べましたが、膝の抜きを覚えるとさらにスーッと着地足側の腰が前に出るようになります。この原理を利用して歩行してみましょう。歩行動作を変えることで剣道が上達します。日ごろから、歩き方を意識するようにしましょう。

稽古法 4　踵の踏みと膝の抜きで歩いてみよう

踵の踏みと、膝の抜きによって歩きましょう。二直線歩行、そして二軸歩行の腰の動きをマスターしたら、次は踵の踏みと膝の抜きを意識して歩いてみましょう。さらに、楽に歩けるようになります（図1-30）。

図1-30 踵の踏みと膝の抜きを用いた常歩歩行
踵の踏みと膝の抜きを左右の足で繰り返すと常歩歩行になる。

[5] 左足から出る

なぜ歩み足は用いられなくなったのか

　31ページの『五輪書』の引用文をもう一度読んでみてください。「足つかいは、ことによりて大小遅速はありとも、常にあゆむがごとし」という一文があります。この「歩む」という記述について、あくまで「送り足」が基本でそのなかに「歩み足」の感覚を取り入れることを述べていると解釈する人も多くいます。しかし、この前に「きびすを強く踏」と書いてあることから推測すると、これは「歩み足」そのもののことであると思います。

　打突動作についての詳細は第3章で述べますが、ここでは歩み足での始動、つまり後方の足を前方に出しながら動き出すことを取り上げてみましょう。現代の「竹刀打ち剣道」では、後方の足を前に出しながら動く、または打ち込むということはほとんどありません。中段の構えは、右足前左足後ろの右自然体です。この構えから、左足を前に出して動いてみましょう。

やってみよう15　中段の構えで左足から出てみよう

　中段の構えから、左足→右足の順に歩み足で進み、左足を右足に継いで元の構えに戻ってみましょう（図1-31）。

　どうでしょうか、スムーズに動けますか。なかなかむずかしいですね。現代の「竹刀打ち剣道」では左足から出る歩み足の歩法は消滅しています。右足→左足の順に、右足から出る歩み足はわずかに残っているようですが、それもほとんど見られません。現代剣道で歩み足が見られないのは、初心者のころからそのような足さばきを稽古しないからだという人もいますが、それが主因ではありません。現代剣道の足さばきでは、左から出る動きは不可能なのです。前

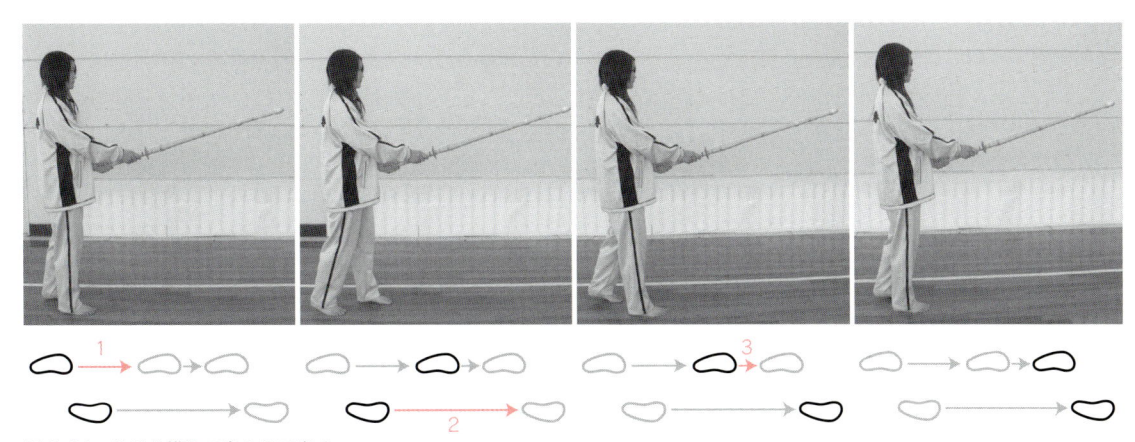

図1-31　竹刀を構えて歩み足で歩く
　中段に構えて、右足→左足の順に歩み足で進み、元の構えに戻る。

項の前進後退の原理を理解するとそれがわかってきます。前進するときは踵がアクセルであることをここでも確認しましょう。

やってみよう —16—

拇指球で／踵で支えて出てみよう

「やってみよう15」の動きを次の2通りの方法で試みて比べましょう。
1. 右足の踵を上げたままで左足から出てください。
2. 右足の踵を接地し、その踵で支えながら出てください。

最初に、右足の踵を浮かせて拇指球あたりで体重を支えながら左足から前進してください。いかがでしょうか、かなり抵抗があると思います。次は、右足の踵を接地して、その踵で体重を支えながら右膝を抜いてください。スムーズにからだが前進します。拇指球付近で体重を支える、または蹴るという操作は、前進にブレーキがかかるどころか後退するための操作なのです。

反対に、先ほどの構えで、右足の拇指球あたりに体重をかけて、そのまま左足から後退してください。とても楽に後退ができるはずです。

イチロー選手の盗塁動作

踵を踏んで膝を抜いて始動する方法は、実は多くのアスリートが用いているものです。剣道の足さばきですから、左足が右足を追い越すことを取り上げましたが、その原理をイチロー選手の盗塁のスタート動作で再確認してみましょう。野球選手になったつもりで盗塁のスタートに挑戦してみましょう。

やってみよう —17—

野球の盗塁のスタート動作をしてみよう

一塁ランナーになったとイメージして構えてください。セカンドベースは自分の右方向にあります。ピッチャーの投球と同時にセカンドベース方向にスタートを切ります。さて、このとき、あなたはどのような足運びでスタートしますか（図1-32）。

盗塁のスタート動作で、みなさんはどのように動き始めたでしょうか。ほとんどの人はセカンドベース側の右足から動き始めるのではないでしょうか。剣士ならとくにそうかもしれません。右にからだを進めるのですから、反対の左足で蹴って右足からスタートを切るのが当然だと考えるでしょう。剣道の打突動作の感覚と同様です（図1-33）。

図1-32　一塁ランナーはどのようにスタートを切る？

しかし、イチロー選手をはじめプロのすぐれた走者は、右足からではなく左足から始動します。このときに左足から始動する感覚や動きの原理が現代剣道

図1-33 左足で蹴って右足からスタート
進行方向の反対側の左足で蹴って右足からスタートする。

図1-34 右踵を踏んで左足からスタート
右足の踵を踏んで膝を抜き、右股関節をセカンドベース方向に外旋させてスタートする。

には欠落しています。イチロー選手は、右足の踵を踏み膝を抜くことによって左足が右足を追い越すようにしてスタートします。左足はほとんど蹴りません。そのときに右股関節を外旋させて（右膝頭をセカンドベースに向けて）、からだを90度セカンドベース側に方向転換します（股関節の外旋についての詳細は後で触れることにします）。

この動き方は、剣道で左足から出ていく歩み足始動の原理と同じです。盗塁のスタートはからだの向きが90度変化するだけです（図1-34）。

このように現在のトップアスリートの動きを観察してみると、彼らの方が武道（武術）的な身体操作を用いている場合が多いのです。私たちはいつの間にか、本来持っていた剣道の合理的な足さばきを忘れてしまったのかもしれません。

さて、左足から前に出る動きは、日本剣道形の中でも頻繁に見られます。太刀4本目の仕太刀の足さばきも左から出ます。打太刀、仕太刀とも正面で切り結び、中段の構えに復して打太刀が仕太刀の右肺を突いていきます。仕太刀は巻き返して左足から斜め左へ出て面を打ちます。踵踏みの足さばきを覚えると、剣道形も意味あるものになってきます。

稽古法 5

相中段から突き巻き返し面を打ってみよう

日本剣道形太刀4本目の相中段から巻き返しての面打ちを繰り返し稽古してみましょう（図1-35）。

図1-35 相中段から巻き返しての面打ち

[6] アウトエッジで自在に動く

　ここまで、前後の動き、さらに歩み足の足さばきを紹介してきました。以下では、左右の動き、さらには、からだの方向を変える動きについてみていきましょう。

左右に動く

　まず、左右の動きです。ここでいう左右の動きというのは、からだの向きは変えないで、つまり正面を向いたまま左右に移動することをいいます。みなさんは、どのように左右に足さばきをしますか。やってみましょう。

やってみよう —18—

構えて左右に動いてみよう
　竹刀を保持して中段に構え、左右に動いてみましょう。そのときに、足底のどの部分に圧力がかかっているでしょうか。つまり、足底のどの部分で体重を支持しているかということです。確認してみましょう（図1-36）。

　ほとんどの人は、右に動くときには、左足の内側、とくにその拇指球あたり、左に動くときには右足の内側で体重を支えているのではないでしょうか。しかし、この足さばきは、蹴る動きにつながり、相手に動きを察知されやすい身体操作といえます。
　では、どのように動けばいいのでしょうか。それは、前後の動きの応用です。右へ移動するときには左足のアウトエッジ（外側）、左への移動時には右足のアウトエッジでからだを支えるのです。そして、膝をうまく抜いて左右に動きます。

図1-36　竹刀を中段に構え左右に動く
竹刀を中段に構え、左右に動いたときに足底のどの部分で体重を支持しているか確認してみよう。

やってみよう 19

重力を使って左右に動いてみよう

「やってみよう18」と同様、中段の構えから左右の足底のアウトエッジでからだを支えて動いてみましょう（図1-37）。

足底のインエッジ（内側）でからだを支える動き方の場合は、移動するときに体重を支える側の脚の膝を伸展しながら動いていると思います。しかし、このアウトエッジを使った移動では、膝を屈曲しながら動きます。左右の動きも、原理は前後の動きと同じです。膝をうまく抜いてできるだけ重力を使って動くようにします。

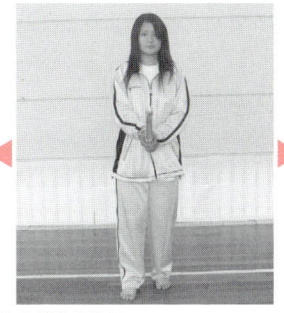

図1-37　足底のアウトエッジでからだを支える
足底のアウトエッジでからだを支え、膝を抜いて重力を利用して動く。

稽古法 6

中段の構えで前後左右に動いてみよう

慣れてきたら、構えたまま、前後左右に動いてみましょう。私たちが剣道を習い始めたときに、何度も繰り返した稽古法です。しかし、今度は、常歩（二軸動作）の足さばきで行います。

同じ方向に動くのでも、常歩の足さばきで行うと体重を支持する場所がまったく違ってきます。前に出るときには左足の踵、後退するときには右足の拇指球、右への移動は左足のアウトエッジ、左への移動は右足のアウトエッジで支持することになります。

初心にかえって、何度も繰り返してみましょう。徐々に力感のないスムーズな移動が可能となります。

からだの向きを変える

剣道の動きは正面を向いて前後左右に動くだけではありません。からだの向きを変えなければならない場面が頻繁に出てきます。ここでは左右90度にからだの向きを変えてみましょう。

> **やってみよう —20—**
>
> **からだの向きを 90 度変えてみよう**
> 両足をそろえて自然に立ちましょう。その姿勢から、左右に 90 度、からだの向きを変えてみましょう。

　さて、みなさんはどのようにして向きを変えたでしょうか。前項の左右の動きのように、向きを変える反対側の足のインエッジで蹴ってからだの方向を変えていたのではないでしょうか。

　そうではなく、左右の動きと同じようにアウトエッジを使ってからだの向きを変えてみましょう。そして、さらに方向を変えるときには重要な要素があります。それは、膝の向きです。私たちのからだは膝が向いた方向に体幹が向くようになっています。

　試してみましょう。「やってみよう 20」の姿勢から、左に 90 度方向を変えるときには、右足のアウトエッジで体重を支持しながら、左脚の膝を 90 度開いて左に向けます。するとからだは自然に左 90 度の方向に向きを変えます。右のときはその逆です。この膝の動きを覚えてください。これまで述べた、膝の抜きとともにぜひとも身につけたい動きです（図 1-38）。

　次に、慣れてきたら、左右 90 度の動きを中段の構えから行ってみてください（図 1-39）。向きたいと思っている方向に、膝を先に向けてください。このような操作を自然に行っている剣士も多いのですが、袴を着けているために膝の動きがわかりにくいのです。

図 1-38　膝を使って方向を変える
足底のアウトエッジを使い、からだを向けたい方に膝を向けるようにして、からだの向きを変える。

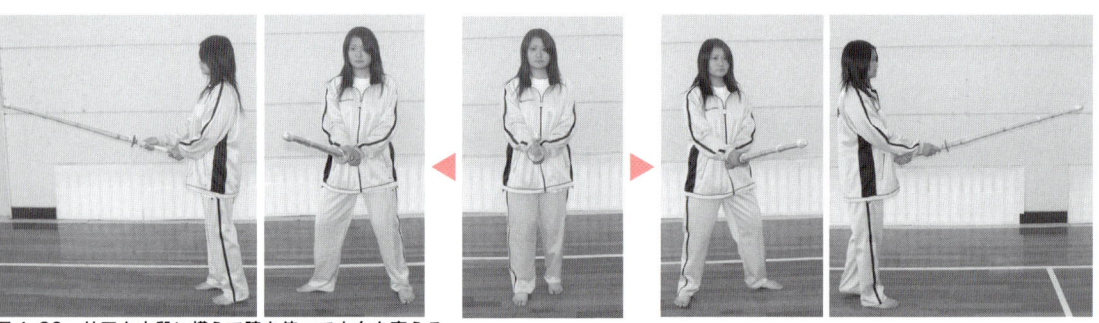

図 1-39　竹刀を中段に構えて膝を使って方向を変える
図 1-38 と同様に、アウトエッジと膝の向きに注意して、からだの向きを変える。

さて、方向を変える操作について、さらに検討していきましょう。実は、体幹の方向を変えるのに必要な操作は膝だけではありません。方向を変えるために操作できるからだの部分がまだあります。一つは顔です。人間の体幹は顔が向いた方向を向きます。

> **やってみよう —21—**
>
> ### 顔の向きでからだの方向を変えてみよう
>
> まず、両足を自然に開きます。その姿勢から両膝を抜いて30cmほどからだを沈めてみましょう。一瞬の内にからだ全体が落ちます。次に、最初から顔を左右90度、真横に向けておいて、膝を抜いてください。からだの向きはどうなりますか。

結果はいかがですか。顔を90度真横に向けて膝を抜くと、不思議なことにからだも顔を向けた方に90度回転します（図1-40）。からだの向きは膝だけではなく、顔が向いたほうに自然に向くのです。ですから、剣道でからだの方向を変えるときには、膝だけではなく顔を先に向ければいいのです。常に相手から目を離さないようにという教えには、そのことによって常に体幹が相手方向を向くようになるという意味が含まれているのです。

また、からだの向きを変える操作の一つに、上腕の外旋があります。これは剣道ではほとんど使わない操作ですが紹介しておきます。

図1-40　顔の向きでからだの向きは変わる
顔を90度横に向けて膝を抜くと、からだは顔を向けた方に90度回転する。

> **やってみよう —22—**
>
> ### 上腕の外旋とからだの方向を確認してみよう
>
> 両足をそろえて立ってください。膝を少し曲げて、手のひらを下に向けて、両腕を水平に真横に開きます。その状態から、右の手のひらだけ上を向けます。右の手のひらを上に向けると、肘の曲がる側も上を向きますね。そのときにからだはどのような反応を示すでしょうか。次は同様な状態から左の手のひらを上を向けてみましょう。

図1-41 上腕の外旋でからだの向きは変わる
上腕を外旋させ、手のひらを上に向けるようにすると、からだは外旋させた手の方を向く。

　上腕（肩から肘関節まで）が外側に回り、肘の曲がる側が上を向くことを上腕の外旋といいます。骨格をまっすぐに保って立つことができていれば、手のひらが上を向き、肘の曲がる側が上を向いた方にからだが回転します（図1-41）。つまり方向が変わります。この操作は両手が自由に使える競技では、トップアスリートが使っている操作です。

　このように、からだの方向を変える操作は、膝、上腕、顔をじょうずに使うことによって合理的に行うことができるようになります。剣道でも、膝と顔の操作によってほとんど筋力に頼らない操作ができるようなります。ぜひ、工夫されることをおすすめします。

第2章

知っておきたい「構え」とからだのこと

［1］腰（骨盤）を前傾させる
［2］顎の位置で腕の動きは変わる
［3］左こぶしを下げる
［4］肘の曲がる側は上を向く
［5］左足は外を向く

［1］腰（骨盤）を前傾させる

　第1章では、二軸動作（常歩）による剣道の足さばきを学んできました。その足さばきを効果的に行うためには、構えが大切です。自分の構えをもう一度見直してみましょう。

　最初に「腰を入れる」ということについて考えてみましょう。よく剣道の構えに関する教えで「腰を入れる」ということがいわれます。また、「腰が入ったいい構えだ」などともいわれます。では、それはどのような姿勢をいうのでしょうか。

やってみよう —1—　　　　　**腰を入れて構えてみよう**

　竹刀を持って構えます。そして、腰を入れてください。「腰を入れる」という動作はどのようにしますか。

　腰を入れるというと、ほとんどの人が腰（骨盤）のあたりを前方へ押し出すようにします（図2-1）。

　このような構えが、腰が入ったよい構えなのでしょうか。多くの剣士は腰を前方に押し出して骨盤を後傾させて固めています。とくに高段者にそのような人が多いようです。ひかがみ（膝の後ろ）を伸ばして突っ張り、左足全体で腰を前に押し出しています。一見、強そうに見えますが、骨盤を後傾させた構えではすばやい足さばきはできません。また、骨盤を固めると体幹の動きが使えなくなりますから、上肢の筋力に頼った竹刀操作になります。

　また、腰を押し出すときに、腰より上の腰椎あたりを押し出す人もいます。このような人も、骨盤を固めていることになりますが、この場合は、逆に骨盤を前傾させすぎています。骨盤を後傾させる人よりも前には出やすくなりますが、すばやく動けないのは同じです（図2-2）。

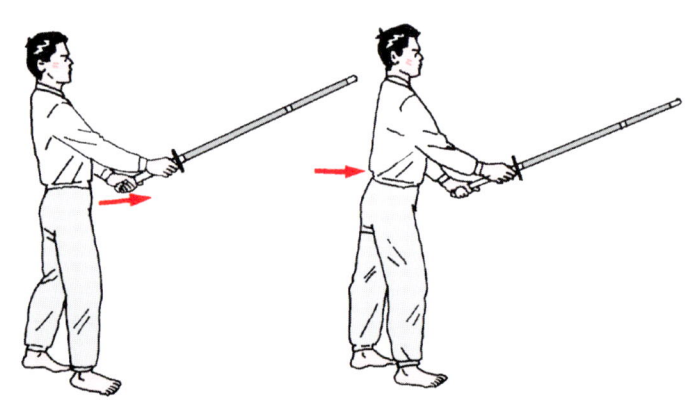

図2-1　腰を入れた構え？　　　　図2-2　腰を押し出す——骨盤の前傾（右）と後傾（左）

このように、腰のあたりを前方に押し出して構えることは、合理的な動きの習得からは逆効果となります。

腰を入れて立つ

構えの基礎は「立ち方」にあります。私たちは日ごろ何気なく立っていますが、立ち方を見れば、その剣士がどのような構えや動きをするのかはおおよそ見当がつきます。

私たちは立ち方について誤解しています。剣道の構えと同様に腰を前方に押し出す立ち方が正しいと錯覚しています。小学校入学以降、「姿勢を正しなさい」といわれ、「気をつけ」の姿勢を強要され、私たちは気をつけの姿勢が正しい姿勢だと思い込んでいます。しかし、現在の気をつけの姿勢は、軍隊や学校などで、指揮官や教師が楽に集団を扱うためのもので、気をつけをしている本人にとっては窮屈で動きにくい姿勢なのです。

では、合理的な身体操作の基礎となる立ち方とはどのような姿勢でしょうか。まず足を肩幅、つまり骨盤幅に開きます。足先はやや開き、膝頭を足先と同方向に向けます。次に膝を少し曲げて、骨盤を前傾させます。腰椎あたりを押し出して骨盤を前傾させるのではなく、お尻を少し後ろに引くような感じです。その骨盤の上に上体を乗せて立ち、腕はだらりと下げて、顎を少し出す感じにします。骨盤が前傾していますので、自然と胸が張られて体幹にアーチがつくられます。頭の位置や胸の張り方などを試行錯誤して、最も楽に立てるポジションを見つけましょう。

*1 大転子

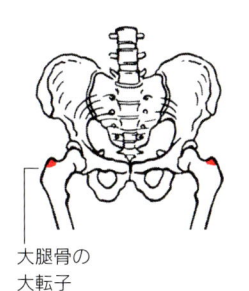

大腿骨の大転子

（C. スパージャー『やさしいダンスの解剖学』大修館書店）

やってみよう ―2―

二軸動作の基礎となる立ち方をしてみよう

合理的な身体操作の基礎となる立ち方に挑戦しましょう。おおよそ自分の立ち方ができるようになったら、写真を撮ってみましょう。理想的な姿勢は、自分のからだを横から見て、頭頂・肩の真ん中・大転子*1（大腿骨上部の出っ張った部分）が垂直に並ぶことです（図2-3）。

剣士のみなさんは、日ごろから骨盤を後傾させた気をつけの姿勢になっている人が多いと思います。立ち方を修正すると、前かがみに感じ、悪い姿勢に思

図2-3　気をつけ（左）と二軸の立ち方（右）

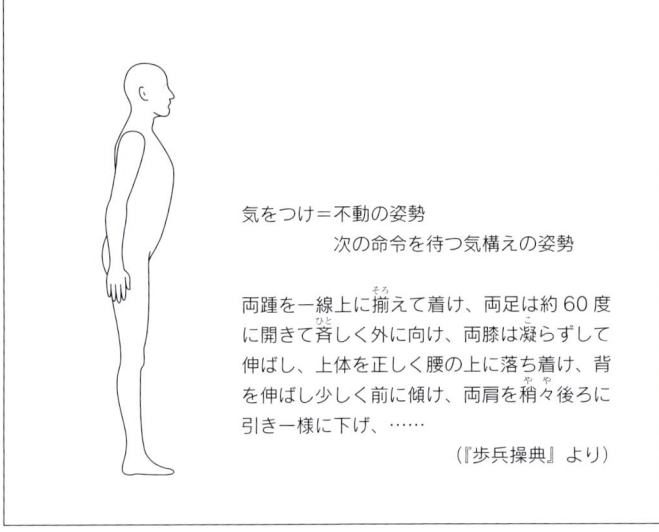

図2-4 『歩兵操典』に見る気をつけの姿勢

気をつけ＝不動の姿勢
次の命令を待つ気構えの姿勢

両踵を一線上に揃えて着き、両足は約60度に開いて斉しく外に向け、両膝は凝らずして伸ばし、上体を正しく腰の上に落ち着け、背を伸ばし少しく前に傾け、両肩を稍々後ろに引き一様に下げ、……

（『歩兵操典』より）

えます。しかし、前かがみになった感覚は骨盤の角度が変わったことによるもので、写真などで確認すると、自然な立ち方になっていることに驚かれるはずです。「腰を入れる」という本来の意味は、骨盤を前方に押し出すことではなく、正常な位置に腰を収めることだと思われます。

そして、最も重要なのは足底の重心位置です。近年、拇指球の重要性がよくいわれ、立ち方についても重心を両足の拇指球に落とすことが一般的になっています。しかし、これは蹴ることによって動作を起こすための立ち方です。二軸動作の立ち方は、重心を踵に落としますが、私たちは踵に重心を落とすことが苦手です。これは、すでに述べたように靴の影響だと思われます。踵が高くなっている靴を履いて生活をすれば、それだけでつま先（拇指球）に体重がかかってしまい、踵に重心を落とすことができなくなります。

さて、気をつけの姿勢はよくないと述べてきましたが、本来の気をつけは、現在私たちが教えられている姿勢とは異なるようです。『歩兵操典』という戦前の軍事教科書には、骨盤を前傾させ、膝を凝らずに伸ばした即座に動くことのできる気をつけの姿勢が記されています（図2-4）。

稽古法 1

立禅の姿勢で立ち方を稽古してみよう

立ち方の稽古は、靴を履かない屋内でします。なかなか重心が踵側に乗りにくいという人は、空手でいう立禅の姿勢をとってみましょう。この姿勢は、先に説明した二軸動作（常歩）の立ち方の姿勢で両腕を胸の前に持っていき、大きな玉を抱えたような姿勢をとります。この姿勢をとることによって、徐々に重心が踵に移動してきます。腕を前方に上げることによって、体幹の重心が後方へ移動し踵側に足圧がかかりやすくなります（図2-5）。

図2-5 立禅の姿勢

構えを再確認しよう

立ち方を学んだところで、自分の構えを再確認してみましょう。これまで、骨盤を前方に押し出して構えていた人が、二軸の立ち方で構えると剣道が劇的に変わります。

図2-6の写真は二軸動作の構えを学ぶ前後のものです。稽古着や袴を着用していないので構えの特徴がよくわかります。左の写真の構えは腰を前方に押し出しています。彼の場合は骨盤が後傾していたため、骨盤を前傾させるようにアドバイスしました。骨盤を前傾させるためにはお尻を多少後ろに引くようにします。先に述べましたが、ここで注意が必要なのは、腰を前方に押し出しときに、骨盤が前傾している人と後傾している人がいることです。そのため、人によってアドバイスのしかたは異なります。

右の写真は、二軸動作による構えです。からだが垂直に保たれていることがわかります。このように構えると、日ごろの立ち方と同様、最初はずいぶん頼りなく、からだ全体が前傾しているように感じます。しかし、それは骨盤が前傾したことによるもので、実際は地面に対して垂直な理想的な構えになっています。

さらに、このように構えると左踵が接地するほうが自然なのです。剣道では左踵を下げることの重要性もいわれますが、踵の高さは骨盤の傾きで調整できます。踵が高すぎるといわれている人は、ぜひ試してみてください。

図2-6 中心軸の構え（左）と二軸の構え（右）
腰を前方に押し出した中心軸の構え（左）とお尻を少し引いて骨盤の前傾した二軸の構え（右）。

稽古法 2

バランスボードに乗ってみよう

市販のバランスボードに乗って骨盤の位置や傾きを確認してみましょう。骨盤を前傾させ、踵から足底のアウトエッジを意識すると長時間乗れるようになります（図2-7）。

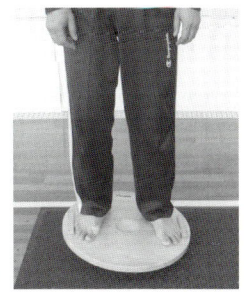

図2-7 バランスボード

[2] 顎の位置で腕の動きは変わる

　剣道の構えで重要な要素に、顎の位置があります。読者の中には、前項の腰を入れることと同様に顎をしっかり引くことがよい構えにつながると思っている人はいないでしょうか。腰を前方に押し出して顎をできるだけ引いて構えることを心がけている人もいるのではないでしょうか。しかし、腰を入れる（前方に押し出す）と同様に顎を引いた姿勢も合理的な身体操作には不適切なものです。

腕はどこから動くのか

　剣道の構えで顎を引くことを検討するためには、腕の動きを見ていく必要があります。剣道では竹刀を操作しますでの、腕の動きは竹刀の動きに直接に関係します。
　さて、私たちが竹刀を振るときに、腕はどこから動いているのでしょうか。ほとんどの人は、腕は肩関節、つまり上腕の先端から動くと感じているでしょう。次の「やってみよう3」でそのことを確認してみましょう。

やってみよう—3—

腕がどこから動くか確認してみよう

　自分の腕を上げ下ろしして、腕どこから動いているか確認してみましょう。

　さて、腕はどこから動いているか確認できたでしょうか。上腕の先端の肩関節に触れながら腕を上下させてください。肩関節は腕と一緒に動きます。肩関節は肩甲骨の先端にありますから、肩甲骨の動きとともに肩関節の位置も変わります（図2-8）。
　次に、鎖骨に触りながら腕の上げ下ろしをしてみましょう（図2-9）。肩関節の内側には鎖骨があります。腕を動かすと鎖骨も一緒に動きます。それでは、鎖骨のもっと内側を触りながら腕を動かしてみましょう。だんだんと動きが小

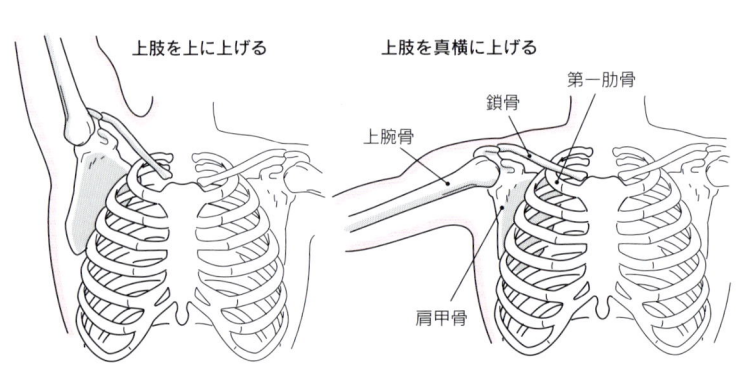

図2-8　腕の動きと肩甲骨、肩関節の位置

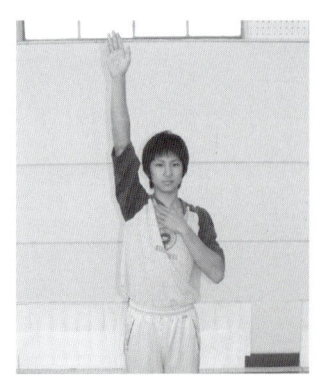

図2-9　腕の上げ下ろし

さくなっていき、ほとんど動かなくなるところがあります。

　ここを胸鎖関節（きょうさかんせつ）といいます。胸骨（きょうこつ）と鎖骨をつなげる関節という意味です。この胸鎖関節が上腕（腕）の動きの起点です。肩周辺で体幹の骨とつながっているのは胸鎖関節だけです。この胸鎖関節が固まっていれば、鎖骨も肩甲骨も十分に動くことはできません。

　肩周辺はとても不思議な動きをします。肩甲骨とその周辺（肩甲帯（けんこうたい）ともいいます）が柔軟に動くことによって、合理的な竹刀操作が可能となるのです。

おとがいを出す

　宮本武蔵は『五輪書』の「水の巻」で、「兵法の身なりの事」について次のように書いています。

> 　身のかゝり、顔はうつむかず、あをのかず、ひずまず、目をみださず、ひたいにしわをよせず、まゆあいにしわをよせて、目の玉うごかざるやうにして、またゝきをせぬやうにおもひて、目をすこしすくめるやうにして、うらやかに見ゆるかを、鼻すじ（すぐ）直にして、少（すこし）おとがいを出す心なり。

[現代語訳]
　体のかまえは、顔はうつむかず、あおむかず、曲げず、目をきょろきょろさせず、額（ひたい）にしわをよせず、眉（まゆ）の間にしわをよせ、目の玉を動かさぬよう、またたきをしない気持で、目をややすぼめるようにする。
　おだやかな顔つきで鼻すじはまっすぐに、やや、おとがいを出すつもり、……
　　　　　　　　　　　　　　　　　（宮本武蔵著・神子侃訳『五輪書』徳間書店）

　「おとがい」とは顎のことです。つまり、武蔵は顎を多少出すことを説いています。この身体操作は、「目付け」にも関連しますが、胸鎖関節を固めて肩甲骨の動きを阻害することを戒めたものであると思われます。構えで顎を引いてしまうと、鎖骨に付着している筋肉（鎖骨下筋（さこつかきん）・胸鎖乳突筋（きょうさにゅうとつきん）・僧帽筋（そうぼうきん）など）が収縮して肩甲骨の動きを妨げ、その結果、十分な竹刀操作を妨げてしまうことになります。

やってみよう―4―　顎の位置を変えて素振りをしてみよう

　構えでの顎の位置を変えて、大きく竹刀を振ってみましょう。最初は、しっかり顎を引いて振ってみます。次に、顎を多少出して振ってみましょう。

　顎の位置によって腕の動きが変わるということが実感できたでしょうか。これまで、構えるときに顎を引いていた人は、少し出すことを心がけてみましょう（図2-10）。動きが格段によくなるはずです。試合場などで、顎の位置とその選手の動きを観察してください。顎を引いて構えている選手は、すばやい

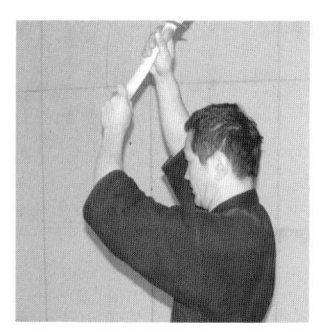

図2-10 顎の位置によって腕の動きは変わる
　顎を引いて構える（左）と、鎖骨に付着している筋肉が収縮し、肩甲骨の動きを妨げ、腕の動きも制限を受けることになる。

動きができていないことがわかると思います。
　この顎を少し出す身体操作は多くのトップアスリートに見られる動きです。たとえば、総合格闘技で無敗を誇るヒクソン・グレーシー選手も決して顎を引いていません。むしろ、顎を上げて前に突き出しています。
　胸鎖関節を起点とした肩周辺の動きに触れたついでに、表情筋について述べておきます。表情筋とは顔の筋肉のことです。実は、この表情筋の緩みと、胸鎖関節周辺の筋群の緩みはとても深い関係があるのです。これも、先ほどの「やってみよう4」同様に素振りをするとよくわかります。
　まず、しかめっ面をしながら竹刀を振り、次は笑顔で振ってみます。どちらが楽に振れますか。笑ったときですね。武術のある流派には、相手に微笑みかけることを極意としているものがあるそうですが、これなども身体操作の観点からは肩周辺を緩めるためのものと考えられます。
　剣道では稽古中に笑うことは不真面目であるといわれることが多いようですが、場合によっては笑ってみることも大切です。みなさんは笑顔で稽古したことがありますか。もしなかったら、一度、表情筋を緩めて稽古してみてください。からだ全体が動きやすくなることに驚かれることでしょう。前ページの『五輪書』の文章をもう一度読み返してみてください。「おとがいを出す」こととともに武蔵も同じことをいっています。「うらやかに見ゆるかを」、つまり、おだやかな表情をしなさいということです。

[3] 左こぶしを下げる

　剣道の構えで、左こぶしの位置は重要です。若い選手の中には、多少左こぶしを意識して上げている剣士も多いようです。これは、一般的に左こぶしの位置が高い方が、打突時に左こぶしの移動距離が短くなるために打ちやすく感じるからです。しかし、高段者になり技前での攻め合い（中心の取り合い）を意識するようになると、左こぶしの位置が下がることの重要性がわかってきます。みなさんの中にも、左こぶしの位置を下げるように注意されたことのある人も

多いのではないでしょうか。ところが、この左こぶしの位置がなかなか下がらない人が多いのです。

　左こぶしの位置で悩んでいる人の中には、「私は腕が短いので左こぶしの位置が下がりにくい」という人もいます。しかし、そのような人でも構え全体を見直すことによって、左こぶしがみごとに下がります。左こぶしを下げる身体操作は、どのようにすれば可能となるのでしょうか。

骨盤の前傾

　すでに構えにおいて骨盤を前傾させることを話しました。もう、お気づきの人も多いと思いますが、骨盤の角度と左こぶしの位置には密接な関係があるのです。

やってみよう―5―

骨盤を前傾させて左こぶしの位置を確認してみよう

　まず、腰を前方に押し出し、顎を引いた構えをしてみましょう。そのときの左こぶしの位置を確認します。次に、骨盤を前傾させて顎を少し前に出します。そのときの左こぶしの位置を確認してみましょう。

　いかがでしたか。図2-11の左列の写真のように腰を押し出した構えのまま左こぶしを下げようとしてもほとんど下がりません。左こぶしが下がらない人は、このような構えになっています。高段位の昇段審査に挑戦するようになり、腰を押し出した構えにするとますます左こぶしが下がらなくなってきます。し

図2-11　腰を前に押し出した構え（左列）と骨盤を前傾させた構え（右列）
　骨盤を前傾させ、腰を正常な位置に収めると、左こぶしと左踵は下がるようになる。

かし、骨盤を前傾させ腰を正常な位置に収めると、左こぶしの位置がそれだけでも10cm程度下がります。

骨盤の前傾と左こぶしの位置について話しましたが、すでに述べたように左踵も骨盤を前傾させることによって下がってきます。左こぶしと踵は骨盤の前傾によって下がるのです。しかし、多くの剣士が、骨盤を前方に押し出すことが立派な構えになると錯覚しているために、左こぶしと踵が下がらないで苦労しています。

肩甲骨の外放

骨盤を前傾させるだけでも左のこぶしが下がってきますが、さらに、左こぶしの位置は肩甲骨の位置と関係しています。

肩甲骨はご存知のように背中側にあるほぼ三角形をした骨です。鳥かごのような形をした肋骨（ろっこつ）の上に筋肉が乗り、その上に肩甲骨が浮いて乗っています。肩関節・鎖骨も浮いているのです。鎖骨だけが先ほど述べた胸鎖関節で胸骨につながっています。このため、肩甲骨はその肋骨の上をさまざまな方向へすべるように動きます（図2-9参照）。

この肩甲骨が背中側で中央に引き寄せられた状態になっていると、左こぶしが下がってきません。このような人は肩甲骨の可動域が極端に狭められているので、腕は肩関節から動くと感じます。ですから、自分の腕が短いように感じます。肩甲骨の状態は、外側にだらりと滑り落ちた状態が理想で、そこからさまざまな方向へ肩甲骨が動きます。このような状態を私たちは肩甲骨が「外放」（がいほう）しているといいます。徐々に、構えで自分の肩甲骨の位置を感じるようにしてください（図2-12）。

骨盤の前傾とともに肩甲骨の外放を修得すると、左こぶしと踵が下がった安定した構えになります。試してください。これまで構えについて錯覚していた人も多いのではないかと思います。みなさんは、腰を前方に押し出し、顎を引き、肩甲骨を後ろに引くようにして胸を張ることが、正しい構えにつながると理解していなかったでしょうか。

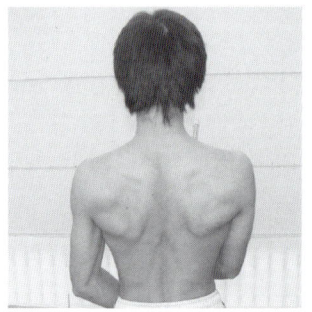

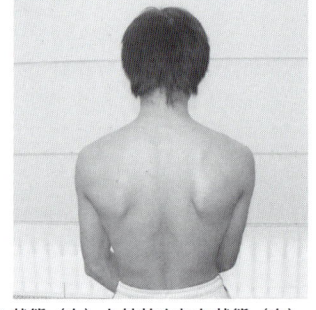

図2-12 肩甲骨が中央に引き寄せられた状態（左）と外放された状態（右）
肩甲骨が中央に引き寄せられていると肩甲骨の可動域は極端に狭くなってしまう。肩甲骨がだらりと外側に滑り落ちたように外放していれば、肩甲骨の可動域は広がり、左こぶしも落ちてくる。

しかし、合理的な動作の基礎となる構えはそれとは正反対のものです。腰を少し引いて骨盤を前傾させ、顎を少し出して胸鎖関節付近を緩め、肩甲骨をだらりと下げます。このことによって左こぶしが自然と下がり、また、左踵も下がってきます。胸を張るのは肩甲骨を背中側の中央に寄せて行うのではありません。骨盤を前傾させることによって自然と胸が張られるのです。その感覚を覚えましょう。

稽古法 3

腕の重さを感じながら前後に振ってみよう

　肩甲骨の外放を覚えるよい方法を紹介しましょう。左右の足を肩幅程度に開いて立ってください。両足のつま先と膝は少し外を向け、足裏の小指から踵に体重をかける感覚です。そして、骨盤を前傾させて顎を少し出します。

　この立ち方のまま、両腕を一緒に前後に振りましょう。肩甲骨から先全部をぽーんと前に放り投げる感じです。そのとき腕の重さを感じてください。最初は、両手にそれぞれ500g程度のものを持つといいでしょう。この稽古を毎日5分間くらい繰り返すと、徐々に、肩甲骨を外放するコツを覚えることができます（図2-13）。

図2-13　腕を前後に振って外放を修得する

　「稽古法3」を試した結果はいかがでしたか。足裏の小指から踵で立つというと、親指側の拇指球を浮かせてしまう人もいますが、そうではありません。私たちはアウトエッジ感覚といっていますが、これは足裏全体で接地するための一つのコツ（感覚）です。実際には小指側だけで立つわけではありません。

[4] 肘の曲がる側は上を向く

　本項では構えるときの両腕の状態について説明します。みなさんは、「肘の曲がる側が上を向く」と読まれてその状態がイメージできたでしょうか。このことは、さまざまなスポーツや武道で重要な身体操作の要素とされていますが、現代剣道ではほとんど語られなくなった内容です。

上腕の外旋

構えたときに「肘の曲がる側が上を向く」ということを説明するには、まず、上腕の外旋について理解する必要があります。

やってみよう —6—

「前にならえ」をして自分の上腕の状態を知ろう

立った状態でもいすなどに座った状態でもかまいませんから、「前にならえ」をしてみてください。両肘を伸ばしてほぼ水平にからだの前に上げたとき、肘の曲がる側はどちらを向きますか。

さて、みなさんの肘の曲がる側はどちらを向きましたか（図2-14）。真横でしょうか。斜め上ですか。それとも真上を向きましたか。肘の曲がる側が上を向くほど、上腕が外旋しているということです。上腕というのは肩から肘までの部分のことです（肘から手首までは前腕といいます）。

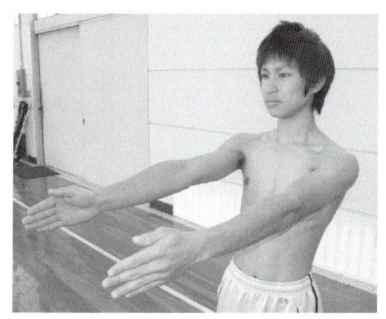

図2-14 前へならえのときの肘の曲がる側の向きは？

次に、腕を水平に上げて、手のひらを上に向けてください。そうすると肘の曲がる側も上を向きます。そのときの上腕は外側に回ってきます。この状態を上腕が外旋しているといいます。今度は、手のひらを下に向けてみましょう。肘の曲がる側は内側を向きます。これは上腕が内旋したためです（図2-15）。

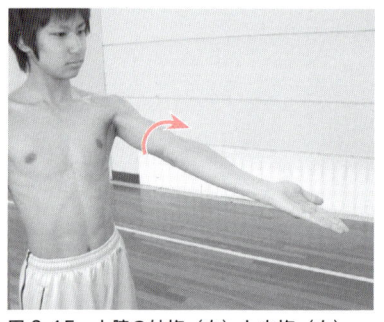

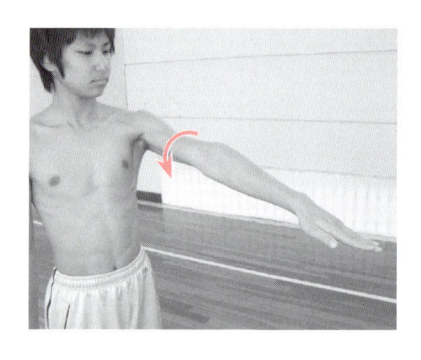

図2-15 上腕の外旋（左）と内旋（右）
　腕を水平に挙げて手のひらを上に向けたときを上腕が外旋した状態といい、手のひらを下に向けたときを上腕が内旋した状態という。

上腕の外旋は押すポジション

上腕の外旋は肩甲骨のポジションと大きな関係があります。

> **やってみよう —7—**
>
> **上腕の外旋状態、内旋状態で壁を押してみよう**
> 壁の前に立ってください。まず、手の指が内側を向くようにして壁を押してください。次に、手の指が外側を向くようにして壁を押してください。そのときの肩のようす、力の入り方を感じ取ってください。

　いかがでしょう。双方の違いが確認できましたか。両者を比べてみると、壁を押すときに、手の指が内側を向いているとき、上腕は内旋しています（図2-16左）。一方、手の指が外側を向いているときには上腕が外旋しています（図2-16右）。上腕が内旋している状態では、十分に壁を押すことはできません。外旋させると、肩が外放位置に下がってきて、体幹全体で壁を押せる状態になります。つまり、上腕を外旋させることによって、からだ全体を働かせることができるのです。

　わかりにくい人は、腕立て伏せをしてみてください。このときに、まず、手をハの字形につき、次に、手を逆ハの字形について行ってみてください。逆ハの字形のほうがはるかに地面（床）を押しやすいと思います。ハの字形にしたときには上腕は内旋、逆ハの字形にしたときには上腕は外旋しています。腕立て伏せという稽古法は、上腕の外旋状態をつくり出すことができる、非常にすばらしいトレーニング方法なのです。

　他方、腕のトレーニングとして、ベンチプレスという運動があります。仰向けに寝た姿勢で、バーベルを持ち上げます。このときのバーベルを持った上腕の状態を想像してください。「前にならえ」をしたときに肘の曲がる側が真上を向くような人は、上腕の外旋状態をつくれますが、ほとんどの人は内旋状態のままベンチプレスをすることになります。これでは、体幹全体でからだを前に進める動きにはつながりません。腕立て伏せというトレーニング法をもう一度見直したいものです。

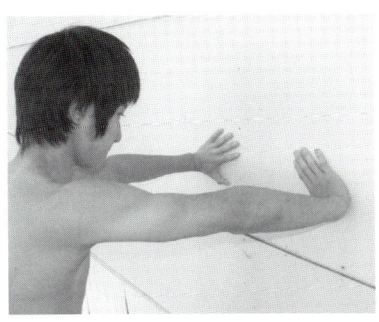

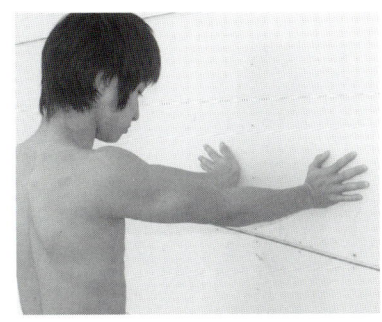

図2-16　上腕の内旋状態（左）・外旋状態（右）で壁を押す
　手のひらを壁にハの字についた上腕が内旋した状態（左）よりも、逆ハの字について上腕を外旋状態にしたとき（右）の方が、体幹全体を使って壁を押すことができる。

図 2-17　鉄砲
丸い柱を押すことによって、上腕を外旋させて押す姿勢ができる。
（PHOTO KISHIMOTO 提供）

図 2-18　マラソンの高橋尚子選手
高橋選手の独特な腕の振りは、上腕を内旋・外旋させることによって、体幹全体でからだを押し出すことを可能にしている。
（PHOTO KISHIMOTO 提供）

脇をしめる

よく、スポーツや武道の動作で「脇をしめる」ということがいわれます。この脇をしめるということの本当の意味は、上腕を外旋させることにあります。

たとえば、相撲の押しでは脇をしめるように指導されます。これも上腕を外旋させることをいったものです。相撲では鉄砲という、丸太の柱（鉄砲柱）を左右に繰り返し押す稽古法があります。ここで注意したいのは、壁ではなくて柱を押すということです。このときの手の向きと上腕の状態を考えてみると、丸い柱ですから上腕が自然と外旋することになります（図2-17）。

さらに、マラソン競技、シドニーオリンピック金メダリストの高橋尚子選手は独特な腕振りをします。左右の肘が開いたり閉じたりします。この動きも、左右の上腕を内旋させたり外旋させたりすることによって、体幹全体でからだを押し出すことを可能にしています。重心が移る側の上腕を外旋させて軸をつくり、からだを押し出します。上腕が外旋することによって、肩甲骨が背中を押してくれるのです。誰もいなくても、後ろから押されているような体幹と肩甲骨の状態を自分でつくり出すことができるのです（図2-18）。

構えと上腕の外旋

この上腕の外旋が剣道の構えにどのように関係しているかと不思議に思う人もいるでしょう。「やってみよう6」の「前にならえ」をしてもらうと人によって肘の向きはずいぶん違うことがわかります。稽古中によく肘を打たれる人がいます。何回も肘を打たれるので、大きなサポーターをしているような人は、「前にならえ」をすると肘の曲がる側が内側を向いています。つまり、肘が外側を向いているのです。竹刀を持っ

稽古法 4

上腕の外旋、前腕の回内で竹刀を持ってみよう

すわって、竹刀の先を床などにつけて実行します。まず、両手のひらを上に向けて上腕を外旋させます。次に肘から手首までを内側に回します（前腕の回内）。そのままの状態で竹刀を保持してみましょう。上腕の外旋、前腕の回内で竹刀を持つコツを覚えましょう（図2-19）。

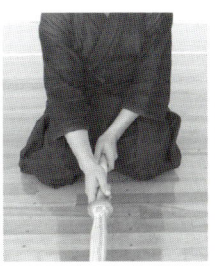

図2-19　上腕の外旋、前腕の回内で竹刀を持つ
手のひらを上に向けて上腕を外旋させ、次に、肘から手首までを内側に回して竹刀を持つ。

て構えたときにも同様の傾向があります。だから、肘を打たれるのです。

構えたとき、肘の曲がる側がほぼ上を向くと理想的です。なかなか最初からそのような状態にはなりません。それで、構えるとき一度両手を真上に向けてから前腕だけを内側に絞って竹刀を持つように心がけてみましょう。

［5］左足は外を向く

さて、本章の最後に、足の踏み方について取り上げます。現代剣道の構えに関する教えの一つに、左右の足は平行に踏むということがあります（図2-20）。

しかし、古流の構えでは、左足（後ろに位置する足）が外を向いています。また、高段者の中には、初心者には左右の足を平行に踏むように指導しながら、自分は左足が外を向いている人も多く見受けられます（「序章」10ページ参照）。この左足（後ろに位置する足）の向きはどのように考えればいいのでしょう。そして、私たちはどのように左足を踏めばいいのでしょうか。

図2-20　左右の足を平行に踏む現在の構え
現代の剣道では、左右の足は平行に踏む。

股関節の機能

足の踏み方は打突動作と大いに関係があります。ここでは主に股関節の動きから足の踏み方を考えてみましょう。

みなさんは打突するときに、脚のどの関節を最も使っているか考えたことがあるでしょうか。足首の関節でしょうか、それとも膝関節でしょうか。私たちは、からだの末端の関節ほど、その動きを明確にとらえることができます。ですから、打突するときに足首の関節や膝関節の動きは比較的よくわかります。

しかし、実際に私たちが打突するときに最も使っている関節は、足関節や膝関節ではありません。最も体幹に近い場所にある股関節です。一般には「こかんせつ」と読みますが、「またかんせつ」ともいいます。

> **やってみよう —8—**
>
> **股関節の位置を確認してみよう**
>
> みなさんは、股関節をどこにあるとイメージしていますか。自分の左右の股関節の位置を指差してみましょう。

どこを指差しましたか。多くの人は自分の足の付け根の前面あたりを指差したのではないでしょうか。しかし、股関節の位置はむしろお尻側です。お尻を指差した人は、股関節の動きをかなり明確に感じている人です。ちなみに、股関節のことを英語では「ヒップジョイント」といいます。

それでは、股関節の動きを見てみましょう。股関節は足関節や膝関節の動きとは明らかに違います。足関節や膝関節は、伸展(しんてん)（関節の角度が広がる）と屈曲(くっきょく)（関節の角度が狭まる）のほぼ一方向にしか動きません（図2-21）。それに比べ、股関節はいろいろな方向に動きます。

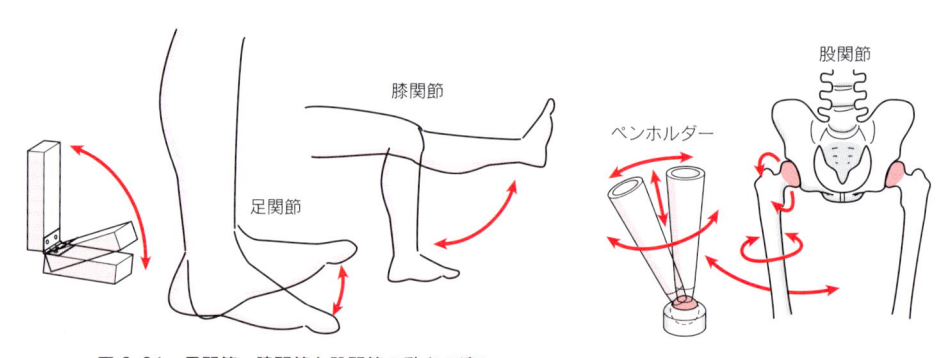

図2-21 足関節・膝関節と股関節の動きの違い

> **やってみよう —9—**
>
> **股関節をいろいろな方向に動かしてみよう**
>
> 次のように、股関節をいろいろな方向に動かしてみましょう。
> 1. 足を前後に振る。
> 2. 足を左右に上げる。
> 3. 足を内外に回旋させる。

| 屈曲 | 外転 | 外旋 |
| 伸展 | 内転 | 内旋 |

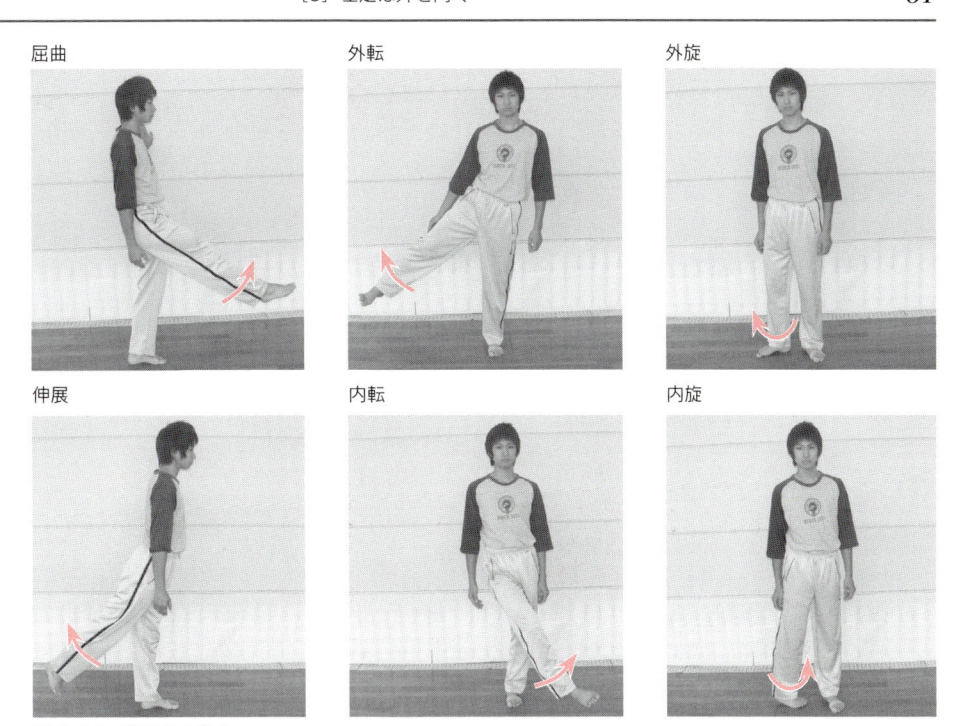

図 2-22　股関節の動き

　足を前後に振るときの動きを股関節の屈曲・伸展といいます（図 2-22 左列）。左右に上げる動きは外転・内転です（図 2-22 中央列）。からだ（中心）から離れるように外に向かって脚を上げることを外転、外から内側（中心）に向かう動きを内転といいます。そして、脚を外側に回旋させることは外旋、内側に回旋させることは内旋といいます（図 2-22 右列）。

　このように、股関節はほぼ360度さまざまな方向へ動く、三次元の関節といえます。

構えでの股関節外旋度

　さて、股関節の動きを確認したところで、自分の打突動作を思い出してください。みなさんは股関節をどのように動かしているでしょうか。人によって股関節や膝の動きはさまざまです。若い剣士は、主に股関節の伸展と膝の伸展で動き始める人が多いようです。そのような人は、膝を相手にまっすぐ向ける方が動きやすいので、股関節も内側にややしぼり（内旋させ）、左右の足を平行に踏んでいます。

　しかし、股関節の外旋や外転の動きが使えるようになると、股関節を多少外旋させて左足を外に向けた方が動きやすくなります。高段者で年配の剣士は、稽古によって自然と股関節の三次元の動きを覚えるのでしょう。若い剣士のみなさんも、股関節の外旋・外転の動きに目を向け、股関節の機能を生かした動作を心がけてください。

　この股関節の動きの違いについて、アメリカンフットボールと相撲の動きを検討してみましょう。アメリカンフットボールと相撲は、ともに相手を押すこ

図 2-23　アメリカンフットボールと相撲の構えの違い　　　　　　　　（PHOTO KISHIMOTO 提供）

とがその動きの中心になります。しかし、その構え（準備姿勢）はかなり異なります。アメリカンフットボールの選手は、足先と膝をほぼまっすぐに相手に向けているのに対し、相撲は足先と膝を外に向けています。アメリカンフットボールと相撲とでは動き方が違うため、その準備姿勢もまったく異なっているのです（図 2-23）。

　アメリカンフットボールは主に股関節の伸展で押すのに対して、相撲は股関節の伸展力だけではなく外旋・外転の力を加味して押します。相撲の動きこそ、股関節の機能をフルに使った動きといえそうです。

稽古法 5

四股スクワットをしてみよう

　相撲の稽古の一つに「四股」があります。この四股は股関節の機能を高めるための稽古法ですが、最初はもっと容易な「四股スクワット」をしてみましょう。48ページの立禅の姿勢でさらに膝とつま先を外に向けてください。そして、体幹が前傾しないように腰を落とします。体幹が前傾しないためには壁などを利用するのも一つの方法です。膝角度が90度になるように稽古しましょう（図 2-24）。

図 2-24　四股スクワット

第3章

知っておきたい
「打突」とからだのこと

［1］打突動作の流れ
［2］歩きながら打つ
［3］大きく振ること
［4］膝の動きで打突が変わる
［5］左右の脚を挟み込む
［6］二軸動作によるさまざまな足さばき

［1］打突動作の流れ

　二軸動作にもとづく剣道の動きを修得するために、足さばきと構えをみてきました。本章ではいよいよ「打突(だとつ)動作」に入ります。これまでと重複する内容もありますが、まず打突動作の概要を理解しましょう。

現代剣道の打突動作

　剣道の動きにおける中心課題は、相手を打つことです。相手を打つための動きを「打突動作」といいます。これは、時代が流れても変化してこなかった、剣道技術の中核です。日本刀で戦った時代は、相手を斬る（斬撃(ざんげき)動作）ことが中心であり、それを受け継いだ現代の競技化した剣道でも、相手を打つ（打突動作）ことが技術の中心となっています。これまで触れてきた足さばきや構えは、この打突動作を支えるための基礎であるといえます。

　二軸動作にもとづく打突に触れる前に、現在、多くの剣士が行っている打突動作を再検討してみましょう。

　みなさんは打った後に、左足をすばやく右足に引きつけるように注意されたことはありませんか。この左足の引きつけは、現代剣道の打突動作では重要なポイントとなっています。左足の引きつけが頻繁にいわれているのは、現在の一般的な打突動作では左足が後方に流やすいためで、左足の引きつけがそれだけむずかしい技術であり、それを意識しないとうまくいかないことを物語っています。

　どうして左足が後方へ流れるのでしょう。ご承知のとおり中段の構えは右足前、左足後ろの右自然体で構えます。そして、右足と左足をほぼ平行に踏み、左足で蹴って（多少上達すれば左足全体で腰を押して）始動します。

　すでに述べたように、私たちは意識するしないにかかわらず、からだに中心軸を感じていますから、右足を踏み出すには、中心軸に対して反対側の左足で蹴るまたは押し出すことによって動き始めようとします。このように、後ろ足

図 3-1　中心軸動作による打突　　　　　　　　　　　（スキージャーナル提供）

で蹴ってからだを前方に進める動作を「中心軸動作」といい、その感覚を「中心軸感覚」といいます。

中心軸動作による打突では、右足が出ていくときには右腰が出ていくように骨盤(こつばん)が動きます。上から見ると骨盤が反時計回りに回転することになります。いい方を換えれば、左腰が後方へ残るように動くともいえます。この状態から左足を引きつけようとすれば、残った左腰の動きに反して意識的に左足を前方に送り込まなければなりません。このように左足を引きつけることはとてもむずかしい動きになります。

さらに、中心軸動作による打突は左足で蹴りますから、どんなに水平にからだを前進させようとしても重心は斜め上方へ持ち上がることになります。重力(外力)に反して、筋力という内力で動こうとするわけです。

これらの根本原因が私たちの歩き方にあることは、第1章で述べたとおりです。現代剣道の打突動作は現代人の歩き方にもとづいた動きといえます。

合理的身体操作による打突動作

現在の打突動作は、内力(筋力)に頼っているということはすでに述べました。合理的身体操作にもとづく打突動作は、外力(重力)をよりじょうずに利用することによって可能となります。しかし、私たちは、からだに働いている重力のことを忘れてしまっています。ですから、ウエイトトレーニングなどで筋力を高めることには熱心でも、どのようにすれば重力を利用できるのかということについては無関心です。本来、からだを動かすときに、外力を主とし内力を従とすることは、剣道などの武道(武術)にあった中心的な考え方です。いつの間にか、私たちはそのことを忘れてしまったようです。

これまでも紹介してきましたように、重力を利用するには、「膝の抜き」や「踵を踏む」という操作を修得する必要があります。さらに、体幹(たいかん)(胴体)をじょうずに動かすことが大切です。近年、体幹を捻らないことの重要性がいわれるようになりましたが、二軸動作も体幹を必要以上に捻らない身体操作法です。

しかし、このことについて多くの人が誤解をしています。体幹を捻らないということを、体幹を1枚の板のように固めてしまうようにイメージする人が多いのです。しかし本来は、体幹の柔軟性を高め、十分に動かすことによって生まれる、同側(どうそく)の肩と骨盤(腰)が同方向に効率よく動く、合理的身体操作のことなのです。踏み込み足の打突動作でいえば、竹刀の振り上げ時には左腰と左肩が押し出され、振り下ろし時には右腰と右肩が押し出されます。

第1章で歩きについて学びましたので、歩きとの関連で、合理的身体操作による打突動作について簡単に説明します。何度も触れましたが、現代人の歩きは右足が前へ振り出されるときに右腰が出ていきます。打突動作においても右足が出ていくときに右腰が出ていき、左腰が後方に残ります。

しかし、侍の歩き方(常歩歩行(なみあし))が修得されてくると、出ていく足に対して反対側の腰が前方に動きます。構えから右足が出ていくときに左腰が前進する

ようになります。これによって何が起こるかというと、後方の左足が自然に前方に振り込まれることになります。これは、骨盤の前方への動きにより脚が振り込まれることにもよりますが、さらに腸腰筋の働きによるものと思われます。腸腰筋が引き伸ばされることにより、その後の自然な収縮（伸張反射）によりほとんど意識せずに脚が前方へ切り返されるようになります。

　腸腰筋の働きについては後述しますが、第1章で紹介した「ターンオーバーの原理」です。二軸動作による打突では、中心軸動作のように、足（足首）・膝関節の伸展によって蹴ることをほとんどしません。左右の股関節と肩甲骨の操作によって合理的な打突が可能になります。

　この打突動作を修得すると、体感覚の心地よさとさまざまな足さばきによる技が出現します。その方法を詳細に紹介します。できるところから焦らずに試みてください。

[2] 歩きながら打つ

　打突動作について、さらに歩行との関係からみていきます。まず、自分の打ち方を確認してみましょう。

やってみよう―1―

正面打ちでの竹刀と右足の動きを確認してみよう

踏み込み足で、正面を打ってみましょう。竹刀を振り上げるときに、右足は出て（上がって）いきますか、いきませんか。

図3-2　右足が竹刀の振り下ろしと同時に出ていく動き（上段）と振りかぶりと同時に出ていく動き（下段）

[2] 歩きながら打つ

　打突動作での竹刀と右足の動きについて、大きく分けると2通りの動きがあります。構えから竹刀を振りかぶるときに右足が出ていかずに、振り下ろしとほぼ同時に出ていく動き（図3-2上段）と、振りかぶりとほぼ同時に右足が出ていく動き（図3-2下段）です。みなさんは、どちらでしょうか。また、どちらが容易に感じますか。

　多くの人は、振りかぶりではなく、竹刀を振り下ろすときに右足が出ていく方が簡単に感じると思います。この打突動作における、竹刀の振りかぶり・振り下ろしと右足の前進の関係はよく議論になる内容です。どちらが正しいのでしょうか。

歩み足で正面を打つ

　何度も述べてきましたが、現代人と侍とでは歩き方が異なります。現代人は歩くときに前に振り出される足側の腰が前方に動きます。それに対して、侍は着地足側の腰が前に動きます。一見同じよう見える歩きでも、腰（骨盤）の動きがまったく異なります。打突動作での竹刀と右足の動きも、この歩き方と関係があります。竹刀を両手で保持していると、現代人の歩きのように体幹を捻ることはできません。そのため、腰の動きがそのまま肩、そして竹刀に伝わります。腰の動きが異なれば竹刀操作の方法も異なることになります。

やってみよう 2 　歩み足で歩きながら連続正面打ちを繰り返してみよう

　歩み足で歩行しながら正面打ちを繰り返します。みなさんは、どのようにして連続で面を打ちますか。

　歩きながら連続で正面を打つときに、竹刀の振り上げと同時にみなさんは左足を出しますか、それとも右足を出しますか。ほとんどの人が左足を出して振り上げ、右足を出しながら振り下ろすでしょう。つまり、左足前進で振り上げ、右足前進で振り下ろします（図3-3）。

　なぜ、左足前進で振り上げる方が簡単に感じるのでしょうか。それは腰と肩の動きに関係があります。

図3-3　歩きながらの連続正面打ち
ほとんどの人が、左足前進で振り上げ、右足前進で振り下ろす。

図 3-4 肩の回転を使わない振り上げ（左列）と使った振り上げ（右列）
　左の肩を前に出し、右の肩を引いて振りかぶると、体幹の動きを使って振り上げることができる。

　まず、肩の動きから説明します。竹刀を持って構えてみてください。その状態から、両足の位置を変えずに（足を動かさずに）、竹刀を頭上に振り上げてください。最初は、左右の肩の位置をそのままにして振り上げてください。次は、左の肩を少し出し、右の肩を少し引きながら同じように竹刀を振りかぶってください。

　この２つの方法はどう違うでしょうか、何度か繰り返してください。左の肩を前に出し、右の肩を引いたときの方が楽に振り上げられるはずです。肩の回転を使わないと腕だけで振り上げることになりますが、肩を多少回転させれば、からだの動きを竹刀に伝えることができます（図3-4）。

　このように、上から見たときに肩を時計回りに回転させる（多少左肩を前に出して右肩を引く）ことによって、体幹の動きを使って振り上げることができるようになるのです。両手に竹刀を保持して歩くと腰と肩を捻って歩くことはできませんから、腰の動きと肩の動きが直接連動します。

　ですから、左足が前に出るときに左腰が前に出、その上に乗っている左肩も前方へ移動します。このときに竹刀を振り上げると楽になります。振り下ろしはその逆です。右足が前に振り出されるときに右腰が前進しそれにともなって右肩が前に出ます。このときに竹刀は振り下ろされるのです。

　この肩と腰と竹刀の動きは、打突動作の原則です。よく理解してください。もう少しわかりやすい例をあげましょう。竹刀を斜め右上方へ振り上げて斜め左下方へ振ってみてください。このような振り方を袈裟（あるいは逆袈裟）に振るといいます。構えたまま左腰を前方へ回転させて竹刀を右肩の方へ振り上げそのまま振り下ろしてみましょう（図3-5）。

図 3-5　袈裟斬り
竹刀を左腰前進時に振り上げ、右腰前進時に振り下ろす。

　この竹刀を袈裟に振る動きで、さらに体幹の腰と肩の動きが竹刀にそのまま伝わる原理がわかると思います。つまり、竹刀は左腰前進時に振り上げ、右腰前進時に振り下ろすのが原則です。ほとんどの人が、足の動きと腰の動きが一致している現代人の歩き方をしています。左足が振り出されるときに左腰が、右足が振り出されるときに右腰が前方に移動するので、左足前進で振り上げ、右足前進で振り下ろす動作が楽に感じられるのです。

　しかし、すでに述べたように、侍の歩き方は前へ振り出される足側の腰が前に出るのではなく、着地足側の腰が前に出ます。この歩きで連続正面を打つと、竹刀の振り上げ・振り下ろしの時期がまったく逆になります。右足が前方に振り出されるときに反対側の左腰が前進しますので、それにともない竹刀が振り上げられます。

　そして、左足が前進するときには右腰が前方に移動しながら竹刀を振り下ろします。この右足前進で振り上げ、左足前進で振り下ろす動きが、合理的な打突動作の基礎となります。まず歩き方を変えること、着地足側の腰が前に出る侍の歩き方を身につけることです。侍歩き（常歩歩行）が身についてくると、右足前進で振り上げ、左足前進で振り下ろす連続面打ちが自然になります（図3-6）。

図 3-6　常歩歩行での面打ち
常歩の歩行が身につくと、右足前進で振り上げ、左足前進で振り下ろす合理的な打突動作が自然に行えるようになる。

右足前進で振りかぶる

さて、本項の最初の課題に戻りましょう。もう一度確認してください。踏み込み足での竹刀の動きと右足の前進（上がっていく）との関係はどうでしょうか。もうおわかりだと思いますが、右足前進とともに竹刀を振り上げることが本来の打突動作の原則です。技の大きさや初心者の指導などでは、竹刀の振り下ろしとともに右足が前進することもありますが、右足前進で竹刀を振り上げるのが原則です。この打突の原則を理解しましょう。このことは、さまざまな足さばきを出現させる基礎となります。

稽古法 1

送り足で連続正面を打ってみよう

侍歩き、つまり常歩歩行での連続面打ちができるようになったら、次は送り足で連続正面を打ちます。送り足ですから、左足は右足を追い越しません。しかし、歩み足と同じ要領です。右足前進で振り上げ、左足の引きつけで振り下ろします。送り足での連続面打ちは、切り返しなどで連続左右面を打つときの足さばきと同じです。この足さばきも十分に稽古したいものです。徐々に、打突動作の基礎ができあがります（図3-7）。

図3-7　送り足での連続打ち
左足が右足を追い越さないように送り足で正面を打つ。

---

［3］大きく振ること

基本打突の振りかぶり角度は？

本項では、足の動きから離れて、竹刀を振る動きに絞ってみていきましょう。序章で基本の打突を取り上げましたが、現在では打突の振りかぶり角度は約45度程度がよいとされています（図3-8）。実際には竹刀を振り上げると同時に前進していきますので、45度よりも大きく振りかぶることになります。振りかぶりは、剣先が後方を向いて床と平行になるくらい、水平程度がよいという指導もされているようです。

以前はもっと大きく竹刀を振る動作が指導場面で見受けられました。指導者によっては竹刀が背中、あるいはお尻に接するまで振りかぶらせていました。ところが、いつの間にか、振りかぶり動作は45度程度でよいということが一般的になりました。大きく振りかぶることによって、左手の小指側が緩むため

図 3-8 振りかぶりは 45 度
現在では、打突の際の振りかぶりは 45 度程度がよいとされている。

図 3-9 背中につくまで振りかぶる
合理的な竹刀の振り上げ・振り下ろし動作を修得するために、竹刀を大きく振る必要がある。

に手の内に悪影響があるともいわれているようです。

しかし、合理的な竹刀の振り上げ・振り下ろし動作を修得するためには、そのことを差し引いても大きく振る必要があります（図 3-9）。

両肘を開く

竹刀を大きく振りかぶるのはなぜでしょうか。すぐに思いつくのは肩甲帯（肩甲骨とそ周辺）の柔軟性でしょう。稽古を見ていれば、みなさんは、その人が少年期から稽古をしている人か、大人になってから稽古を始めた人かはおおよそ見当がつくと思います。成人してから剣道をはじめた人は、どうしても動きが固いのです。そう見える最も大きな原因は、肩甲骨周辺の柔軟性に欠けることです。肩甲帯は大人になるにしたがって自然と柔軟性が失われますから、竹刀を振るための肩甲帯の柔軟性を得るためには、幼少年時に竹刀を振ることが大切です。そして、肩甲帯の柔軟性は、竹刀をできるだけ大きく振ることによって高められます。

しかし、大きく振りかぶるメリットはそれだけではありません。それは、上腕の外旋で竹刀を振り下ろすことにあります。

やってみよう 3

構えから左右の肘の間隔を変えないで振り上げてみよう

構えた状態から、両腕の肘の間隔を変えないで振りかぶります。みなさんは、どの位置まで振りかぶることができますか。

左右の肘を構えたままの間隔を保って振り上げると、肩甲帯の柔軟性があっても、竹刀は水平程度にしか振り上げられません。肘関節や手首関節の角度を意識して変化させればもう少し振り上げることはできますが、とても窮屈です（図 3-10）。

それでは、両肘の間隔を変えないで竹刀を水平程度に振りかぶったところから、さらに大きく振りかぶるにはどのような操作をしたらいいでしょうか。みなさん、いろいろと試してみてください。もう、ヒントが出ています。両肘の

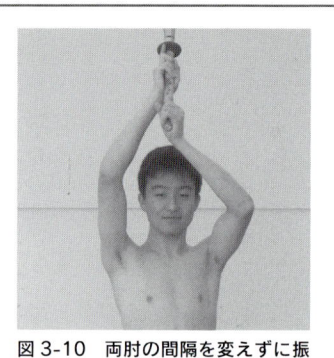

図 3-10　両肘の間隔を変えずに振りかぶる
左右の肘を構えたままの間隔で振り上げると、竹刀は水平程度にしか振り上げられない。

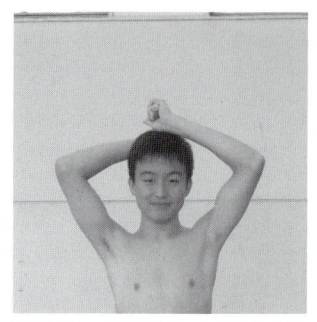

図 3-11　両肘を開いて振りかぶる
両肘を開いて振りかぶると、大きく振りかぶることが可能になる。

　間隔を変えないで振りかぶったら、そこから両肘の間隔を開いてください。すると、さらに大きく竹刀を振りかぶることができます。つまり、振りかぶり動作で両肘を開くことによって、大きな振りかぶりが可能となります（図 3-11）。

上腕の外旋で振り下ろす

　さて、両肘を開いて振りかぶるという動作をさらに詳しく検討してみましょう。竹刀を持たずに、肘を開く動きをしてみてください。腕はどのように動いているでしょうか。肘を開くということは、上腕（肩関節から肘関節まで）の内旋を意味します。ここがポイントです。

　それでは、今度は竹刀を持って肘を開いて大きく振りかぶってください。その状態から、肘を閉じながら正面を打ってみましょう。そのときの上腕の動きはどうなっていますか。上腕は外側に回りながら竹刀を振り下ろしています。この動きを、上腕の外旋といいます（図 3-12）。

　第2章でも取り上げましたが、もう一度、上腕の内旋・外旋について確認しておきましょう。「前にならえ」の状態から肘を90度曲げてみましょう。手のひらは内側を向いています。その状態から両肘を開いていきます。手のひらが下を向くように動きます。このときの上腕の動きが内旋です。次に元の位

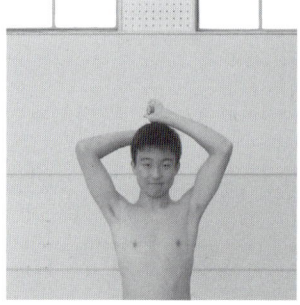

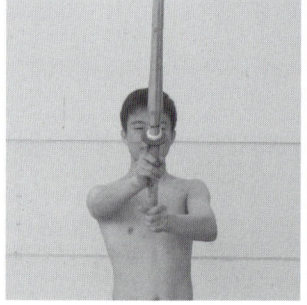

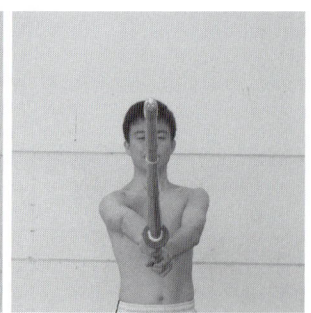

図 3-12　上腕の外旋による振り下ろし
左右の肘を大きく開いて振りかぶり、肘を閉じながら正面を打つと、上腕は外旋し、肩甲骨を押すポジションにすることができるため、楽に力を発揮することができる。

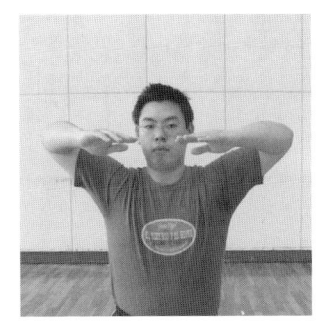

図 3-13　上腕の内旋
「前にならえ」の状態から肘を 90 度曲げ、両肘を開いていく。この動きが上腕の内旋で、逆の動きが上腕の外旋になる。

置に肘を戻します。この動きが外旋です（図 3-13）。

　さて、肘の開閉を使わない打突動作と、使った場合の打突動作では上腕の操作がまったく異なります。そして、多くのスポーツでの合理的な動きでは、からだを前に出す、または何かを押し出すというときには、この上腕の外旋が使われています。

　第 2 章で紹介しました高橋尚子選手の腕の振りや、相撲の押す動作も肘を締めながら上腕の外旋を使います。野球のピッチャーの投球、バスケットボールのチェストパスやサッカーのスローイン動作など、さまざまな動作に上腕の外旋が使われています（図 3-14）。

　上腕を外旋させることによって、肩甲骨を押すポジション（外放位置）にすることができます。肩甲骨を押すポジションにすれば、楽に（合理的に）からだを前に移動させたり、前方向へ力を伝えたりすることができます。

　両肘の間隔を変えない素振りと、両肘が開閉する素振りをしてみましょう。どちらの方が肩甲骨と体幹を使って打てるかはすぐにわかると思います。この肘の開閉を十分に使った大きな素振りを繰り返すことによって、上腕の使い方を覚ることがきます。そして、その操作は小さな振り上げの打突動作でも使えるようになります。

図 3-14　上腕の外旋は、さまざまなスポーツの動作に取り入れられている
(PHOTO KISHIMOTO 提供)

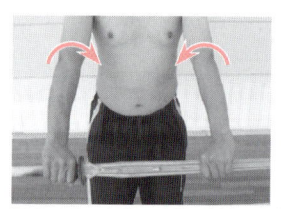

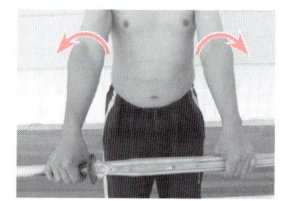

> **稽古法 2**
>
> ## 上腕の内旋・外旋の練習をしよう
>
> 適当な棒を両手で持ってください。竹刀でも代用できると思います。肘を伸ばします。そのまま上腕の内旋・外旋を繰り返しましょう。十分に肘の位置が変化するように稽古しましょう（図3-15）。
>
> 図3-15　上腕の内旋（左）・外旋（右）

［4］膝の動きで打突が変わる

　私たちが動作をするときの重要なポイントの一つに膝の操作があります。第1章で、膝の操作による足さばきに触れましたが、打突動作での膝の操作もその応用です。

　流派によって異なるものの、武道では袴を着用することが多いようです。剣道も袴を着用します。なぜ袴を着用するようになったかのは諸説あるようですが、その理由の一つは、膝の動きを相手に悟られないようにするためであるともいわれています。現代剣道でも袴を着用しますので、私たちは膝の動きを見落としがちですが、膝の操作は非常に大切です。

右膝を操作する

　みなさんは構えた状態から、踏み込み足で打突するときにどのように始動するでしょうか。「始動」というのは、ほぼ静止状態からからだが動き出すことをいいます。「初動」といういい方もします。走歩行など、連続性のある動きではそれほど問題になりませんが、剣道のように静と動が繰り返される運動では、どのように始動するのかということが大きな課題となります。

　すでに述べたように、多くの剣士は左足で蹴って始動します。しかし、左足で床を蹴らなくてもからだは始動するのです。

> **やってみよう 4**
>
> ### 立位から右足を上げてみよう
>
> 第2章で紹介した立ち方（二軸の立ち方）から右足だけを上げてください。からだはどのように動きますか（右足を上げるときに重心を左に移さないようにします）。

図 3-16　二軸の立ち方から足を上げる
二軸の立ち方から右膝を上げるとバランスが崩れ、からだは右前方向へと動く。

　二軸の立ち方から右膝を上げると、からだは動き始めます。右足を上げることによってバランスが崩れますから、からだは右斜め前方向へ動きます。当たり前のことのようですが、実際に動くときにこのことがわかっている人はきわめて少ないのです（図3-16）。

やってみよう —5—

構えた状態から右足を上げてみよう
　中段に構えたまま、右足を上げてみましょう。打突するのではなく構えた状態を保ちます。左足の踵は接地してもしなくてもかまいません。

　構えた状態で右足を上げると、からだは「やってみよう4」と同じように前に進みます（図3-17）。そのときに、左足ではまったく床を蹴っていないことを確認してください。からだが前方に移動しますので、そのからだを左足は支えているだけです。それでも、からだは前に進みます。第1章で触れましたが、身体操作ではこの場合の右足のように床や地面に接地していない、空中に浮いている足のことを遊脚といいます。この遊脚の操作によって動きはまったく変わってきます。

　構えた状態から右足を上げるときに、みなさんはどのようにしたでしょうか。この上げ方によってからだの前進のしかたが変わってきます。実際の打突動作を見ていると、多くの人がつま先を膝よりも前に出しながら右足を上げていき

図 3-17　構えた状態から右足を上げる
構えた状態から右足を上げると、左足でまったく床を蹴らなくてもからだは前方に自然に移動する。

図 3-18　膝を前に出す（左）、つま先を前に出す（右）
　すばやく前進するためには、左の写真のように上げた右足の膝を、つま先よりも前に出す必要がある。

ます。しかし、からだをすばやく前進させるためには、右足のつま先が膝より前に出ないように上げる必要があります。右の膝を相手に突き刺すように上げていきます。みなさん、試してみてください。足先が膝よりも前に出た場合と、膝よりも後方に位置する場合とで、からだの出方を感じてみてください。からだの出方がまったく異なることがおわかりいただけると思います（図3-18）。

　どうしてつま先を膝より前方に出す剣士が多いのでしょうか。私たちは身体の末端の動きは容易に感じることができます。脚の動きのなかでも、足先の動きはよくわかります。しかし、体幹に近づくにしたがって、その動きは感じにくくなります。つま先よりも足首、足首よりも膝、膝よりも股関節の動きは把握しにくいわけです。ですから、足先を前方に出せば、からだが前に進んでいるように錯覚するのです。しかし、実際にはその逆で、つま先を前方に移動させようとすると、からだは前には進みにくくなります。これは、骨盤の前傾と関係があります。膝を足先より前方に出すことによって、骨盤の前傾が保たれ、からだは前進しやすくなります。

稽古法 3　右膝の操作で面を打ってみよう

　構えから右足の操作で、踏み込み足の面を打ってみましょう。そのときに左足は床を蹴らないように注意します。慣れないうちは、左足は拇指球(ぼしきゅう)で支えても、踵を接地してもけっこうです。しかし、蹴ってはいけません（図3-19）。

図 3-19　右膝の操作で面を打つ

[4] 膝の動きで打突が変わる

右膝操作での面打ちを繰り返して稽古しましょう。決して、左足で蹴らないことです。いい方を変えれば、蹴らないでよい程度の速さで打ちましょう。動きをつくるときはゆっくり行うのがコツです。

左膝を操作する

私たちは打突動作においては、左足で蹴る、あるいは左足でからだを前に押し出すことによって前進すると信じてきました。実際に、多くの剣士は左足で床を蹴ることによって、からだを前に進めています。左膝に注目すれば、膝を伸ばしながら打突します。高段者になると左のひかがみ（膝の後ろ）を伸ばすように意識している人もいますが、それでも膝をさらに伸ばしながらからだを前に進める人がほとんどです。つまり、膝関節を伸展させることによって打突します。

打突動作を、左膝の動きを確認しながら行ってみてください。左膝を伸ばしながらからだを前進させていると思います。しかし、右膝の操作とともに、第1章で述べたように、左の膝を抜くことによってもからだは前進するのです。重力（外力）を使った合理的な打突動作では左膝は屈曲していきます。この打突方法を説明すると、みなさん最初は「そんなはずはない」と思われるようです。しかし、これまでみなさんが実行している動き方とは、まったく別の動作方法があるのです。

第1章の「やってみよう14」（35ページ）にもう一度挑戦してみてください。

図3-20　左膝を伸展させて動く
左足で蹴って、膝を伸ばしながら動くのが現代剣道の打突の原型。水平方向に動いているつもりでも、重心位置は前上方に動く。

図3-21　左膝を屈曲させて動く
左膝を抜いて、膝を屈曲させながら右足を前に出すと、重心を前下方に落としながら前進することができる。

左足で立ちます。右足は完全に浮かしておきます。その状態から、右足から一歩大きく出てみましょう。ここでは1mくらい先に右足の着地点の印をつけて、大きく踏み出してみましょう。

第1章の「やってみよう14」では右足を小さく出しましたので、左膝を抜くことが容易だったかもしれませんが、1mくらい踏み出すためにはどうしても一度膝を曲げて、その膝を伸ばしながら左足で蹴ってからだを前に運んだのではないでしょうか。この動きが、現代剣道の打突動作の原型です。ほとんどの人がこのようにして動いています（図3-20）。

しかし、稽古をすれば打突動作においても左膝を抜いて屈曲させながら動けるようになります。ほぼ伸ばしていた左膝を屈曲させながら右足を前に出します。最初は膝をゆっくり前方へ曲げてください。そのときに、重心を前下方向に落とすようにします。すると、からだは前に進みます。何回か試してください。左足の踵は上げていても膝の抜きは可能ですが、慣れてきたら接地させるようにしましょう。感じがつかめたでしょうか。膝関節は伸ばさなくても、屈曲させればからだは前に進みます（図3-21）。

これまでの左足で蹴る動きと左膝を抜く動き方を、交互に繰り返して違いを確認してください。そして、重心位置がどのように移動するかを感じてみましょう。膝を伸展させて動く場合には、水平方向に動いているつもりでも重心位置は上方に持ち上がっていきます。つまり、重力とけんかをしながら動いているわけです。逆に、膝関節を屈曲させて動く方法では、重力を利用して自分の重心を前下方向に落としながら前進することができます。

それでは、竹刀を持って実際に打突動作をしてみましょう。

稽古法 4

構えて右足を上げた状態から面を打ってみよう

左膝の操作を覚えるために、構えて右足を上げた（浮かせた）状態から、左膝だけの操作で面を打ちます。実際には左足だけで立つことはほとんどありませんが、この方法によって左膝の操作を覚えます。

左足の踵は、慣れるまでは無理に接地させる必要はないと思いますが、左膝を屈曲させる動きができてくると、踵は接地させたほうが容易であることがわかると思います（図3-22）。

図3-22　右足を上げた状態から左膝の操作で面を打つ

右膝と左膝の操作をみてきました。これらの操作を膝の「抜き」といいます。自分の筋力（内力）だけではなく、重力を利用して動くためには、これら左右の膝の抜きを覚えることが大切です。何度もゆっくり繰り返して覚えてください。とくに左膝の抜きは、多くの人が打突動作で行ってきた動きとはまったく逆の動きです。最初はとまどいもあると思いますが、挑戦してください。

［5］左右の脚を挟み込む

　打突について腰・肩・上腕・膝の動きからみてきました。ここでは、「左右の脚を挟み込む」という身体操作を紹介します。
　二軸動作による打突を実践すると自然と左右の脚を挟み込むという動作になります。左右の脚を挟み込むというのは、踏み込み足での打突直後、左足が右足を一瞬追い越すことをいいます。現代剣道の教えでは、どんな場合でも右足を左足が追い越すことはよくないといわれています。しかし、打突動作を追求していくと、打突直後は左足が右足の前に出ていく方が合理的であることがわかってきます。
　この左右の脚を挟み込むという身体操作を明確にするために、二軸動作による打突の流れを整理してみます。現代剣道の打突動作では、右足が出ていくときに右腰が前進し、左腰が後方に残ることは何度も述べてきました。
　このように左腰が残る打ち方を補うために、打ち始めに左こぶしを前方に押し出すという指導もみられます。この振り上げ動作時に左こぶしを押し出す打ち方が合理的な身体操作であると考えている人も多いようですが、この方法は現代人の歩き方の特性である、右足が出るときに右腰が前に出て左腰が残るという動きを補うためのものです。
　二軸動作による打突では左こぶしを前方に押し出す必要はありません。右足が出ていくときに左腰が前方に動きますから左肩も前方へ移動します。振りかぶりの項で説明したように、ほとんど腕の力を使うことなく振りかぶることが可能となります。打突の始動は、右脚の膝を抜きます。右膝を相手に突き刺すように上げていきます。このときに、足先が膝より前に出るような上げ方をするとからだが前に進みません。これは、前に多少触れましたが、骨盤の傾きと関係があります。
　右足が前進するときには、左足で体重を支えます。第2章で説明したように、二軸動作による打突では左足はまっすぐ前ではなく、多少外を向くことが理想です。股関節外旋位です。この状態で左脚でからだを支え、左膝をじょうずに抜くと左股関節が左腰を押し出してくれます。最初は左足の拇指球あたりで支えてもいいと思います。しかし、上達してくると左足の踵で支えた方が、からだがスムーズに前進することがわかってきます。みなさんが今行っている、左脚の股関節や膝関節の伸展を使う打ち方では、左足の拇指球で体重を支えて押し出す方が簡単です。

しかし、股関節の外旋・外転、膝の抜きで動く二軸動作では、左足の踵で体重を支える方が簡単です。そのため、二軸動作による打突を修得すると徐々に左踵が下がってきます。そして、踵が接地している方が打ちやすいと感じようになると思います。

しかし、決して最初から左踵をつけないでください。二軸動作による歩行（侍歩き）や打突動作ができてくると自然に踵が下がってきます。二軸動作による最も大きな特徴であることから、すぐに左踵をつけて稽古をする人もいますが、踵は意識してつけなくても、自然と接地してきます。

右足が出る（上がる）ときに左腰が前方へ動くことによって左腕が自然に竹刀を振り上げてくれます。その後、竹刀を振り上げたころから、右足が下りてきます。そして、腰の動きが切り変わります。右腰が前方へ左腰が後方へ動きはじめます。この腰の動きに肩の動きも同調して、竹刀の振り下ろし動作になります。右の腰と肩が前方へ移動することによって振り下ろし動作となります。構えから左半身（腰と肩）が前方に押し出されることによって振り上げ、右半身が前方に押し出されることによって振り下ろし動作となります。

振り下ろし動作に入ると、床から離れた左足は鋭く前進することになります。左腰が最初から後方に残る一般の打突動作では、意識的に左足を引きつける必要がありますが、二軸打突では自然と左足は引きつけられます。これは、左腰の動きとともに腸腰筋の働きによるものと思われます。

ここで、腸腰筋について述べておきましょう。腸腰筋とは、第12胸椎と腰椎や骨盤上部から大転子（大腿骨上部の出っ張った部分）に付着している筋肉で、骨盤の中を通っています。からだの表面を走る筋肉ではなく深いところにある筋肉ですから、その存在をなかなか意識できません。しかし、この腸腰筋は、脚を前方へ進めることと、とても関係の深い筋肉なのです。たとえば、打突動作で右足が出ていくときに左腰が前方へ動くことによって、この腸腰筋が引き伸ばされると考えられるのです。そして、左足が床から離れるとこの腸腰筋の伸張反射（引き伸ばされた筋肉が反射的に縮む作用）によって、自然に左足を前方に送り出してくれます。

右足が出ていくときに、左腰が前進するようになると、自然に左足が引きつ

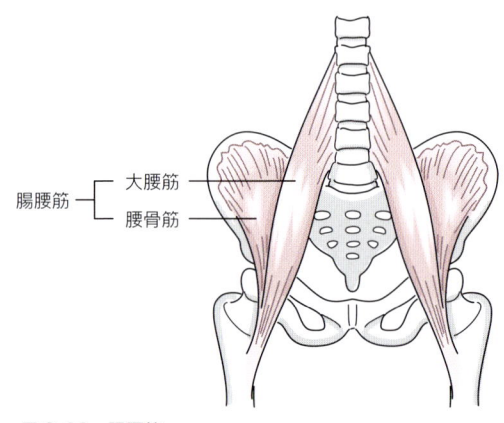

図 3-23　腸腰筋

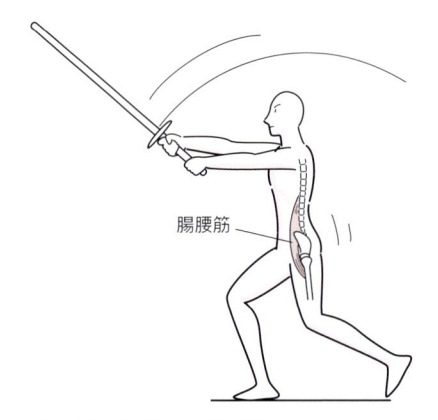

図 3-24　打突時の伸張反射

けられるようになります。その結果、左足は右足の前に振り出されることになります。技によって異なりますが、場合によっては左足を右足の後方で止めることが困難になります。

このように、二軸動作では、打突後左足が右足を追い越すことは悪弊であるとはいえません。逆に、自然に左足が右足の前に振り出される動きになります。打突後、「左右の脚を挟み込む」動きになります。この動きを体験してみましょう。

> **やってみよう —6—**
>
> **左足の前方への振り出しを体験してみよう**
>
> 竹刀を持って構えます。踏み込み足の打突動作をしてください。右足が振り出されるときに、横から左腰を押してもらいます。左腰の動きとその後の左足の振り出しを体験してみましょう（図3-25）。

高校生の試合を観戦すると、打突後左足が右足を追い越している選手を見かけます。そして、彼らはとてもスムーズにからだを前方に運んでいます。意識して無理に左足を前に出す必要はありませんが、自然と左足が右足の前に出るのであれば、その動きを矯正する必要はないと思います。さらに、この左右の脚を挟み込むという技術は一流剣士が自然と使っている方法のようです。

全日本選手権大会、七段選手権大会、八段優勝大会における参加全選手の踏み込み足による打突後の左足の位置を調査したデータがあります。段位にすると三段から八段まで、96選手の踏み込み足による面打ちを調査したものです。これらの大会に出場するような選手ですから、各年代のトップクラスの選手といっていいと思います。結果は、全日本選手権大会では64％、七段選手権大会では56％、そして八段優勝大会でも約40％の人の踏み込み足に、左足が右足を追い越す動きが確認されています（『剣道日本』2004年7月号、スキージャーナル）。

これらの大会に出場する剣士は、人一倍稽古を積んできた選手であり、左足が右足の前方に出ないように厳しく指導を受けてきた人たちです。それでも、踏み込み直後は左足が右足を追い越す場合が全体で50％を超えているのです。

図3-25 左足の振り出し
踏み込み足の打突動作で右足が振り出されるときに、横から左腰を押してもらう。

現代の剣道では打突後、左足が右足を追い越すことは悪弊といわれていますが、それは日本刀の操法の影響です。日本刀の操作の基本は引き切りです。そのため、常にからだを半身にし、自分の太刀筋を確保する必要がありました。この動きが、現在の剣道にも持ち込まれて左足が右足を追い越してはならないという原則が生まれたのだと思われます。しかし、現在のように打突後、からだを前進させる運動であれば、左足を右足の後ろに残すことを基本にするほうが無理があると思われます。

［6］二軸動作によるさまざまな足さばき

　最後に、二軸動作による剣道の足さばきを紹介しましょう。私たちが一般に行っている打突動作では、ほとんど踏み込み足しかできません。その原因は、これまで述べてきたように、左足（後ろ足）で体幹を押し出す操作をしていること、また同側の脚と腰が同方向に動くことにあります。しかし、左右の膝を抜き、右足が前に出るとき左腰が前に出る打ち方では、さまざまな足さばきが可能になります。ここでは、比較的簡単な二軸動作による剣道の足さばきを紹介します。

踏み込み足

　ここでは踏み込み足についてみていきますが、その前に剣道に限らずすべての動きに共通した大切な原則を学びましょう。

やってみよう―7―

動き出す直前の重心位置を確認してみよう

　二軸の立ち方をしてください（47ページ）。その状態から、右足・左足と前に出します。そのときに、右足体重と左足体重ではどちらが動きやすいでしょうか。

　何でもないようなこの動きで、足さばきの原則を知ることができます。右足から出るときには左足体重のほうがスムーズにからだが出ていきます。右足体重にしていると、どんなに速く動こうとしても一度左足に重心を乗せ換えて動く必要があります。つまり、体重が乗っている側の脚を軸にして、反対側（浮いている脚）を動かすのが基本です。

　この原則をぜひ覚えてください。体重のかかっている側の足を動かす（体重のかかった側の軸を消す）という方法もあるのですが、それは特殊な操作です。原則はあくまでも浮いている足を動かすことです。

　踏み込み足では、よく左足を動かさずに打突するようにいわれますが、みなさんは自然にできますか。意識しないとなかなかできないでしょう。なぜでしょうか。これは、現代の左踵を上げる剣道では、左足体重になりにくいからです。ですから、打突のとき左足が動いてしまうのです。左足を動かさずに、右

[6] 二軸動作によるさまざまな足さばき

図3-26 二軸動作による踏み込み足
二軸動作を身につけると、左足の踵が接地した状態から踏み込み足で出ていくことができるようになる。

図3-27 軸を踏み換えて打つ
左足体重の構えから、右足に重心を落としながら、右・左・右と歩み足の要領で打つ。

図3-28 歩み足（右・左）で打つ
左足体重の構えから、右・左と歩み足で打つ。袴でわかりにくいが、左足前進で打っている。

　足から踏み込み足の打突をするには、左足体重にしておくことが大切です。
　徐々に、左の踵を下ろして接地面を広くしてください。左踵が下がれば下がるほど左体重になりやすくなります。二軸動作の剣道を稽古していくと、最後には左踵が接地しても打てるようになります。それどころか、左踵が接地する方が楽に打突できます。しかし、急に構えや動きを変えないでください。自分の今の剣道を土台にして、徐々に変えていきましょう。図3-26を見てください。典型的な二軸動作による剣道の踏み込み足を用いた面打ちです。左足の踵が接

地した状態から、踏み込み足で面を打っています。

軸を踏み換えて打つ

次は、構えから一歩攻め込んで打ってみましょう。この足さばきも一般の剣道では多く見られる動きです。この足さばきも右足から出ていきますから、左足体重の構えでないとスムーズにからだは前には進みません。左足体重の構えから、左足でからだを蹴るまたは押し出すのではなく、右に重心を落としながら出ていきます。

一般に一歩攻めるという足さばきは、送り足で行うことが基本とされています。右を一歩出して、左足を右足の後方に引きつけて打突動作に移ります。しかし、二軸動作による剣道の足さばきでは、このときに左足が前に出てもかまいません。つまり、右・左・右と歩み足の要領で打突することになります。

現代剣道では、左足の拇指球あたりで蹴る、またはからだを押し出すことによって動きますから、左足が右足の後方に位置しないと打突しにくいのです。しかし、左右の膝を抜いて重力（外力）を主に利用すれば足の位置は関係ありません。この感覚は何度も稽古して体得してください。一歩攻めて打つ場合でも、相手の動きや間合いによって送り足と歩み足のどちらでも打つことが可能になります。ぜひ、稽古してみてください（図3-27）。

歩み足（右・左）で打つ

次は、左体重の構えから、右・左と歩み足で打ちます。この足さばきは二軸動作の基本です。歩きながら打つ連続正面打ち（67ページ）の足さばきと同じです。右足前進で振り上げ、左足前進で振り下ろします。このとき足の動きだけでなく、すでに述べたように腰の動きに注意してください。右足前進時は左腰が、左足前進時は右腰が前に出ます。この動きも何度も書きましたが、最初はゆっくり意識して行うといいかもしれません（図3-28）。

右・左と歩む打突は、さまざまな技に応用できます。応用すると胴技が簡単に打てるようになります。胴技が苦手な人はぜひ、この足さばきを稽古してみてください。

やってみよう —8—　面抜き胴を打ってみよう

面抜き胴を打ってみましょう。どのような足さばきで打っていますか。

面抜き胴が苦手な人は、図3-29のように踏み込み足で打突しようとしていることが多いようす。そうではなく、右・左と歩み足で打ってみてください。相手の面打ちに対して体を応じる（抜く）動作が右足の前進です。胴は左足前進で打突します（図3-30）。

さらに面応じ返し胴もこの右・左の歩み足で打突してみましょう。相手との

図 3-29　踏み込み足による面抜き胴
面抜き胴が苦手な人は、踏み込み足で打突しようとしていることが多い。

図 3-30　左足前進による面抜き胴
相手の面に右足前進で体を応じ、左足前進で打突する。

間合いによって、右足の前進幅を調整します。非常に間が詰まったところでは、右足を前進させるかわりに、右に体重をかけるだけで左足前進で胴を打ちます。この足さばきにより、さまざまな間合いからの相手の面打ちに対応することができます。

　現在、左こぶしを頭上にかかげる受けが流行しています。審判講習会などでは、その防御に対しての逆胴は積極的に有効打突と判定するように指導があります。しかし、実際の試合場面では、有効打突になる逆胴がなかなか見られません。その一つの原因は、打突後、からだが静止してしまうことにあります。打突後、適切に体をさばくためには、この右・左の歩み足の逆胴が威力を発揮します。

逆胴を打ってみよう

やってみよう 9

　左こぶしを頭上にかかげた相手の防御に対して逆胴を打ってみましょう。

　さて、逆胴をどのような足さばきで打ちましたか。右足からの踏み込み足を主に稽古してきた私たちは、どうしても右足踏み込みで逆胴を打ちます。するとその後の体のさばきができません（図 3-31）。

　しかし、右・左と歩み足で左足前進で逆胴を打ってみてください。最初はゆ

図 3-31　右足からの逆胴
　右足からの踏み込み足で逆胴を打つとその後の体のさばきができなくなる。

図 3-32　左足踏み込みによる逆胴
　右・左と歩み足で左足前進で逆胴を打つと、打突後さまざまな方向に体をさばくことが可能になる。

図 3-33　飛び込み胴
　相手の右胴を打突して相手の右側に前進する飛び込み胴も、歩み足ができると簡単に打つことができるようになる。

　っくり動作しましょう。この足さばきであれば、打突後さまざまな方向に体をさばくことができます（図3-32）。
　胴打ちを説明してきましたので、飛び込み胴にも触れておきます。近年は、飛び込み胴はほとんど見られなくなりました。若い人は、この技を知らないかも知れません。相手の右胴を打突してそのままからだが相手の右側を前進します。この飛び込み胴も、右・左の歩み足ができるととても簡単に打つことができます（図3-33）。
　右・左の歩み足での胴技を紹介してきましたが、この体さばきは胴技だけではなくさまざまな技に応用できます。自分で工夫してみてください。何度も書きますが、足さばきは体幹（腰）の動きの結果です。足の運びだけにとらわれないようにしてください。腰の動きに意識を置いて稽古しましょう。

左足から出て打つ

　ここまでみてきた、「踏み込み足」「一歩攻めて打つ」「右・左の歩み足」は、どれも右足から始動します。右足から始動するため、左足体重にして右足を動かしていきます。
　さて、ここでは右足を動かさずに左足から出てみましょう。左足を動かしますから、右体重の構えから行うことになります。左体重の構えでは左足は動きません。みなさんはこの左足から動く打突は容易に修得できるかも知れません。

本来、左踵を上げる構えは右体重に適した構えで、左足のほうが動かしやすいのです。

剣道の構えがどのような経緯で左踵が上がるようになったかは定かではありませんが、もともとは左足の操作を容易にするために踵を上げたのだと思われます。ですから、初心者が左踵を上げた構えから打突すると左足が前方に動くのです。これは自然な動きです。からだの自然な動きに戻れば、左足から打つことはむずかしくないかも知れません。

やってみよう —10—

左足から出て面を打ってみよう

左踵を上げた構えから、左足を出して面を打ってみましょう。この打突を繰り返して左足から出るコツをつかみましょう。

さて、左足から出るときの大切なコツがあります。それは、右足の拇指球で蹴らずに膝を抜くことです（図3-34）。私たちは体重がかかった足の拇指球で床を蹴る（押し出す）ことによって、からだを前に進めることに慣れてしまっています。その要領で右足を操作すると、からだは前進せずに止まってしまいます。右足の拇指球側ではなく踵で体重を支えながら右の膝を抜きます。するとからだが前進していきます。

この足さばきは小手打ちで威力を発揮します。相手の右小手は裏（自分のか

図3-34　左足から出る面
右足の踵で体重を支えながら、右膝を抜いてからだを前進させる。

図3-35　左足から出る小手
面と同様に右足の踵で体重を支えながら、右膝を抜いて出ていく。

図3-36　左足から出る出小手

らだの左側）にありますので、本来右足踏み込みで打つには無理があります。そこで左足で打っていきます（図 3-35、3-36）。

　二軸動作による剣道の足さばきを紹介してきました。他にもさまざまな足さばきと技が可能になると思います。工夫して自分だけの技を創造しましょう。剣道がさらに興味深いものになると思います。

第4章

知っておきたい「剣道の教え」とからだのこと

［1］構えは右自然体
［2］左の膝は斜め左を向く
［3］竹刀は握らない
［4］茶巾絞りとからだのこと
［5］軽い竹刀で素振りをする

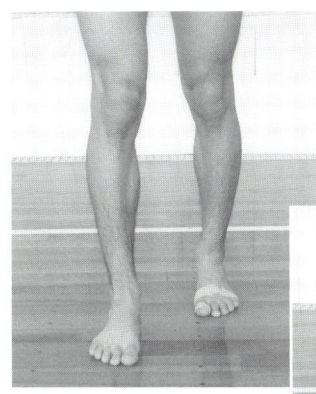

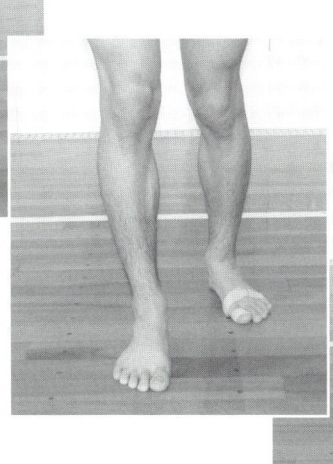

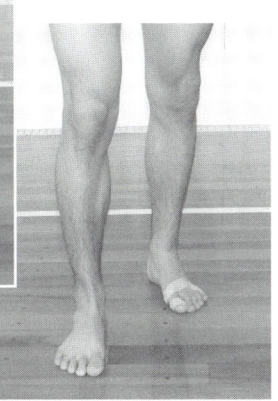

さて、これまで二軸動作による剣道について学んできました。現在の一般的な剣道を学んできたみなさんにとっては、困惑するような内容もあったことと思います。しかし、二軸動作は、剣道をはじめとする武道（武術）がもともと持っていた動き方です。

現在の剣道には、動きなどの要領を端的な言葉であらわしたさまざまな教えが伝えられています。それらを動きの観点から見直すと新しい発見があります。

本章では、それらを取り上げながら二軸動作による剣道のコツを紹介します。

［1］構えは右自然体

まず、構えたときの体幹（胴体）の向きについてです。体幹の向きは腰（骨盤）の向きとほぼ同じです。みなさんは中段に構えたときに、体幹をどのように相手に向けますか。また、向けようとしているでしょうか。

現代剣道の教えのなかに、「からだは相手に正対させる」というものがあります。多くの剣士は、左腰を前方に押し出して体幹を真正面に向けようとしています。

やってみよう —1—

体幹の向きを確認してみよう

中段に構えてください。そのまま、右手だけで竹刀を保持して両手を下ろして楽に立ってください。体幹の向きはどうなりましたか。

右手で竹刀を持って両手を下ろしたときに、左右の肩はどのように動きましたか。左の肩が後方に引かれませんでしたか（図4-1右）。つまり、反時計（左）回りにからだが動かなかったでしょうか。構えで左腰を前方に押し出している人は、竹刀を片手に持ち、両手を下ろすと左肩が後方に動きます。

これは、左右の足は前後に位置しているのに、体幹を正面に向けようとして左腰を前方に押し出しているためです。現代剣道の構えでは、このように相手に自分のからだ（体幹）を正対させることが大切であるとされています。なぜ

図4-1 中段の構えから右手で竹刀を保持し両手を下ろす
中段の構えから右手で竹刀を保持して、両手を下ろすと、左肩は後方に引かれるように動く。

図 4-2 からだを相手に正対させた現在の構え（左）と二軸動作による右自然体の構え（右）

でしょうか。

これまで述べてきたように、左足でからだを押し出す現代剣道の打突動作では、左腰が後方に残ります。左腰を前方に押し出さずに右自然体のまま構えると、打突時に左腰が後方に残ってしまうのです。そこで、最初から左腰を前方に押し出して構えることが、現代剣道の構えの常識になったと考えられます。

しかし、侍歩きを基礎とした二軸動作による打突ができてくると、左腰を押し出して相手に正対させる必要はありません。右自然体に楽に構えて、そのまま打突することができます（図4-2）。

ここで打突動作に関する重要なことに触れておきましょう。二軸動作による打突では初動で左腰が前方に動くことはすでに述べました。しかし、実際には左腰が前方に動くと同時に右足が出ていきます。右足が前進すればそれにともなって右腰も前進します。ですから、二軸動作による打突では、腰（骨盤）が固定されているように見えます。右自然体の構えから、体幹の向きを変えずに打突することができるのです。二軸動作の剣道を修得するにしたがって、徐々に右自然体の構えにすることをおすすめします。

［2］ 左の膝は斜め左を向く

足先の向きと膝の向き

体幹の向きに関連して、左膝の向きについても触れておきましょう。現代剣道の構えについて、左足の向きについては、ほぼまっすぐ前を向くことがよいとされています。また、高段者の中には多少左足が外を向くことは自然であるという剣士も多いようです。しかし、左足の向きは本来左膝の向きとの関連でとらえる必要があります。

やってみよう －2－

左脚の足先と膝の向きを確認してみよう

中段に構えてください。膝の向きがわかるように袴を着用しない方がいいでしょう。そして、左足先の向きと膝の向きを確認してみましょう。

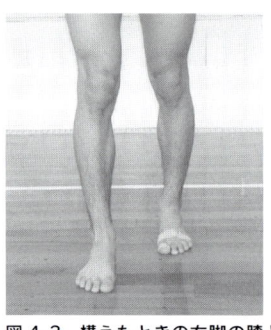

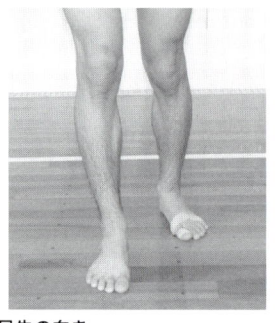

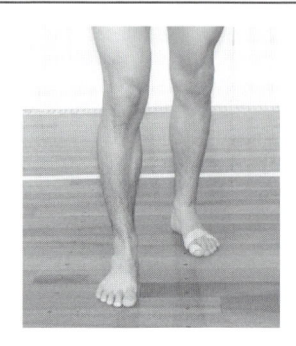

図4-3 構えたときの左脚の膝と足先の向き
　構えたときの左脚の膝と足先の向きには、①膝と足先がまっすぐ相手に向いている場合（左）、②膝はほぼまっすぐ相手に向き、足先は少し外を向いている場合（中）、③膝も足先も外を向いている場合の3通りがある。

　これまで、自分の足先と膝の向きの関係について確認したことのある人は少ないのではないでしょうか。中段の構えでの左足と左膝の向きについては、大きく3つの場合があります。

　まず、左脚の足先と膝がほぼまっすぐに相手に向いている場合です（図4-3左）。これが、現在の剣道では基本の足の踏み方とされています。

　次は、足先が少し外を向き、膝はほぼまっすぐに相手方向を向いている場合です（図4-3中）。実はこのように足を踏んでいる人が多いのです。高段者の中には、足先は外を向いても膝が正面を向くようにと指導される人もいるようです。

　このような状態を「膝下外旋（がいせん）」といいます。股関節が外旋しているのではなく、下腿（かたい）、つまり膝から下と足首の関節が外にねじれている状態です。このような足の踏み方は、膝と足関節にとても負担がかかり、障害の原因となります。股関節や膝の伸展を主に使う人は、膝が相手方向にまっすぐ向く方が打ちやすいのですが、そのような人は膝の向きと同様足先もほぼ正面を向けてください。

　最後は足先も膝も斜め左を向いている場合です（図4-3右）。股関節の機能を十分に活かした打突動作を修得すれば、膝の向きは正面ではなく左斜め方向がよいのです。すでに述べたように股関節は伸展するだけではなく、内旋（ないせん）・外旋（がいせん）、内転（ないてん）・外転（がいてん）などあらゆる方向に動きます（61ページ参照）。このような股関節の動きを有効に使うためには、股関節を多少外旋させて構え、股関節の伸展だけでなく、外旋・外転を使って動く方が効率的だといえます。「左膝が真正面を向いていないと打突動作はできない」と思い込んでいませんか。

　剣士の中には膝を負傷されている人も多いようです。そうした人は、ぜひもう一度、膝と足先の向きを確認してください。とくに、膝下外旋になっている人には、それを直すことをおすすめします。

左膝の向きと股関節の外旋

　次に、上で述べた股関節の外旋位について、確認してみましょう。

やってみよう —3—

股関節外旋位で打突してみよう

中段に構えてください。その状態から、左膝と左足先をできるだけ横（45〜60度程度）に向けてください。左踵は接地してかまいません。その状態から、膝を抜きながら正面を打ってみましょう（図4-4）。

股関節外旋位での打突はいかがでしたか。これは、股関節の動きを理解していただくための極端な例です。膝は斜め左を向いていても打突できたのではないでしょうか。剣道に限らず、主に膝の伸展を使って動こうとすると膝をまっすぐ前方に向ける必要があります。しかし、膝の抜きと股関節の外旋・外転が使えるようになると、膝の向きは斜め外の方がいいのです。

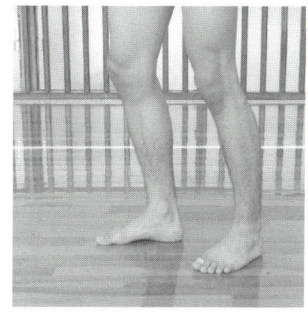

図4-4 股関節外旋位での打突
左脚の膝と足先を約45〜60度外側に向け、膝を抜きながら正面を打つ。

すでに紹介しましたが、相撲の動きがその典型です。相手を押す方向と膝の向きは同方向ではありません。剣道でも、股関節のトレーニングを重ねれば、膝の向きは左斜めを向いている方が楽に打てるようになります。

二軸動作の打突を修得するにしたがい、膝の向きを徐々に変えていきましょう。

[3] 竹刀は握らない

竹刀はどのくらいの力で握ればいいのか

ここでは、竹刀の握り方について考えてみたいと思います。みなさんは、竹刀をどのように、どのくらいの力で保持しているでしょうか。

やってみよう —4—

構えた状態から右手を竹刀から離してみよう

中段に構えてください。そのままの状態で右手だけを竹刀から離してください。竹刀はどうなりますか（図4-5）。

構えたまま右手を離すと竹刀はどうなりましたか。左手で強く竹刀を握っている人は、竹刀は構えたときの位置から動かなかったと思います。構えの稽古で、よく左手だけで竹刀を持っている人を見かけますが、どのくらいの力で竹刀を握ればよいのでしょうか。

よく「あの先生は剣先が強い」とか、「あの選手は中心がしっかりしている」といういい方をしますが、「剣先が強い」とはどういうことなのでしょうか。

図4-5　構えた状態から右手を竹刀から離す

　現代剣道では、剣先で相手の中心を取ることが重要であるとされています。どのようにすれば、自分の剣先を強くして相手の剣先を押さえることができるでしょうか。
　この剣先の強さと竹刀を握る強さには不思議な関係があります。

やってみよう―5―　剣先の取り合いをしてみよう

　相手と構えて、表から剣先の取り合いをしてみましょう。みなさんは相手の剣先を押さえて中心を取るとき、からだのどの部分をどのように使っているでしょうか。

　相手の竹刀を押さえるときにどのような身体操作をしていますか。ここではわかりやすいように表からお互いに中心を取り合ってみます（図4-6）。剣道を始めて、中心を取ることの重要性がわかると、最初はほとんどの人が右手（腕）に力を入れて相手の竹刀を押そうとします。しかし、上達してくるとこの竹刀操作では中心が取れないことがわかってきます。
　さらに上達すると、次は左手（腕）で竹刀を操作するようになります。左手（腕）の力で相手の竹刀を押さえて中心を取ろうするのです。ほとんどの人はこのようにして竹刀を操作しているのではないでしょうか。右手の力を抜いて左手（腕）の力を使おうとします。
　剣道の教えに「竹刀は左（手）で持つ」というものがあります。ですから、多くの剣士は、竹刀を左手でしっかり握って構えることが正しいと思っていま

図4-6　互いに相手の剣先を取り合う

す。しかし、さらに剣先の威力を増そうとすれば、左手で竹刀を握らないことが大切なのです。

剣先の強さは剣先の重さ

まず、最初に理解していただきたいのは、本来、剣先の強さとは剣先（竹刀の先端付近）の重さであるということです。

剣先の重さを量ってみよう（やってみよう―6―）

秤（はかり）を台などの上に置いて、その秤の上に竹刀を置いて構えます。左手で竹刀を握らないでください。どのくらいの目盛りをさしていますか。その状態で左手で竹刀を握ってください。目盛りはどうなりますか（図4-7）。

これは剣先の強さ（重さ）の原理を知る簡単な方法です。最初に、左手で握らずに秤の上に剣先を置くと、針は200〜250gのところを指すと思います。左手で竹刀をしっかり握るとどうなりますか。針はゼロ近くを指すでしょう。左手で握って下方向に押さえつければ別ですが、そのまま握ると人によっては秤から剣先が離れてしまいます。

図4-7　剣先の重さを量る

実際には剣先自体の重さが変化することはありませんが、竹刀は握らない方が剣先の重さを相手に伝えることができるのです。

剣先の強さを確認してみよう（やってみよう―7―）

まず、左手で竹刀をしっかり握って中段に構え、相手に剣先を押さえてもらいます。次に、左手の握りを緩めて体重を左足にかけてください。左足の踵はつけてかまいません。その状態で、剣先を押してもらいます。相手に自分の剣先の強さを確認してもらいます。

いかがでしたか。剣先の強さは自分ではなかなかわからないものです。そのため相手に確認してもらうことにします。剣先の強さは重さです。左手を緩めれば竹刀は「やってみよう4」の原理で重くなります。さらに、剣先を重くするためには、同じ原理で左の肩甲骨（けんこうこつ）を緩めて外放（かいほう）させ、左体重で左半身の重みを竹刀に伝えます。これによって、剣先は重くなります。

[4] 茶巾絞りとからだのこと

茶巾絞りとは？

剣道の教えに「茶巾絞り（ちゃきんしぼり）」というものがあります。一般には、打突時の前腕（ぜんわん）の操作のことであると考えられていますが、みなさんは茶巾絞りとはどのような動きであると理解していますか。

やってみよう —8—

打突動作での前腕の動きを確認してみよう

正面を打突してみます。そのときの自分の前腕の動きを確認してみましょう。みなさんは、打つときにどのように前腕を動かしていますか。

打突時の前腕の動きが確認できたでしょうか。多くの人は前腕を内側に絞るようにして竹刀を振り下ろしているのではないでしょうか。すでに述べたように、前腕が内側に回ることを回内（かいない）といいます。よく「手首を絞る」という表現をしますが、手首の関節（手関節）自体は内側に回転することはありません。手関節のあたりをもう一方の手で握って手首を回してみてください（図4-8）。手首自体は回らないのがわかると思います。

図4-8 手首を回す
反対の手で手関節あたりを握って、手首を回してみると、手関節自体は回内も回外もしないことがわかる。

さて、茶巾絞りという操作は、このように前腕を回内させることでしょうか。現在、打突時の前腕の操作についてはさまざまな解釈があるようです。多くの剣士は前腕を回内させていますが、前腕をまったく内側に絞らない人もいます。では、そのような打ち方をする剣士はどのような操作をしているのでしょうか。

上腕の外旋と前腕の回内

本来、剣道の打突動作時における前腕の操作は、上腕との関係で考える必要があります。

やってみよう —9—

上腕に対する前腕の回内度を変えて、手を握ったり開いたりしてみよう

どちらかの腕を前に上げてください。上腕が内旋・外旋方向に動かないように反対側の手で肘関節の上部を握ってもいいでしょう。その状態で、手のひらを上向き、横向き、下向きの3つの状態でこぶしを握ったり開いたりしてみましょう。

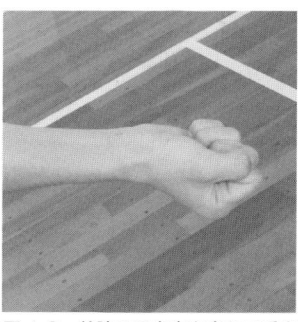

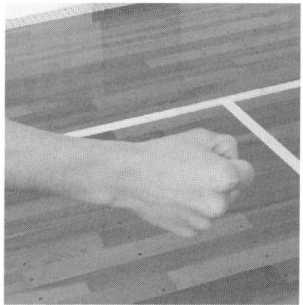

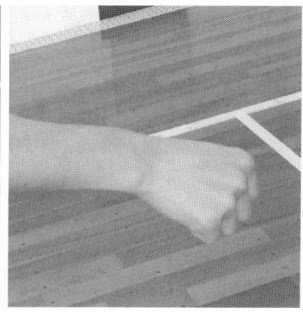

図 4-9　前腕の回内度を変えて手を握ったり開いたりする
　上腕に対する前腕の回内度を 90 度ずつ変えて手を握ったり開いたりしてみると、手のひらが横向き（写真まん中）のときがもっとも動かしやすいのがわかる。

　どの場合が最も握りやすかったでしょうか。手のひらが横を向いた場合ではなかったでしょうか（図 4-9）。つまり、上腕に対して前腕が約 90 度回内した状態が最も安定するはずです。これは打突するときも同じです。

　正面打突をしてみてください。そのときの上腕の状態を確認しましょう。すでに述べましたが、上腕の外旋状態は人によって異なります。打突時に上腕の外旋が不十分で肘の曲がる側が斜め上を向く人は、前腕を意識的に回内させると安定します。そのような人の前腕は回内しており、手の甲が左右とも斜め上を向いています（図 4-10）。

　しかし、第 3 章で述べたように、打突動作で上腕の外旋を十分に使えるようになると、打突時に肘の曲がる側がほぼ上を向くようになります。そうすれば、意識的に前腕を内側に絞る動きは必要なくなります。竹刀を持った左右の前腕を意識的に回内しなくても、上腕の外旋により相対的に前腕は回内します。この動きが十分にできると前腕は内側に絞るのではなく、外に回っているように見えることがあります。しかし、それは前腕が回外しているのではありません。外旋している上腕に対して前腕が相対的に回内しているのです（図 4-11）。

　この上腕外旋・前腕回内の動きを知る簡単な方法を紹介しましょう。両手を図 4-12 の左のように組んでください。そのまま、打突動作のように肘を張りながら頭上に振りかぶってください（図 4-12 左から 2 番目）。次に、肘を閉じながら振り下ろし動作をします（図 4-12 左から 3・4 番目）。そのときの、上腕と前腕の動きを感じてみてください。上腕・前腕とも外に回っているよう

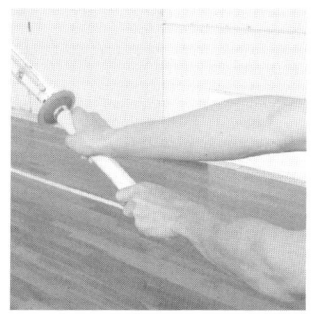

図 4-10　手の甲が斜め上を向いた握り

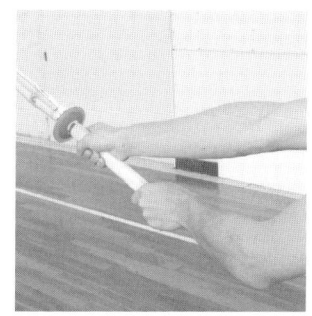

図 4-11　手の甲が上を向かない握り

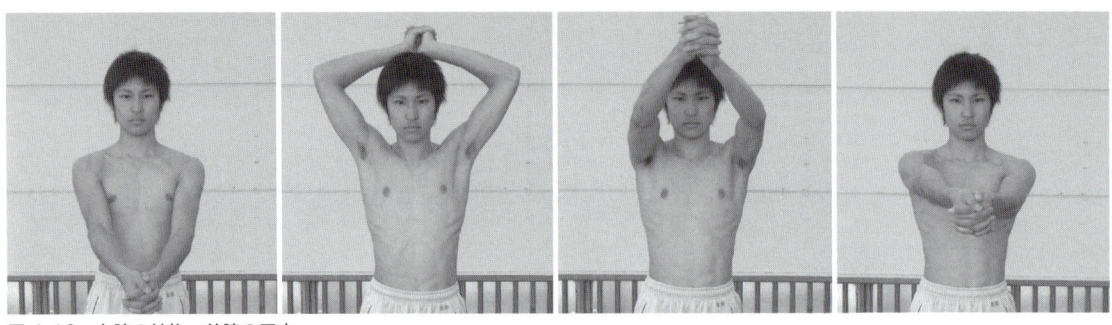

図4-12　上腕の外旋、前腕の回内
　両手をからだの前で組んで、肘を張りながら振りかぶり、肘を閉じながら振り下ろす。上腕、前腕ともに外に回っているように感じるが、実際は、上腕は外旋し、前腕は回内している。

に感じませんか。しかし、上腕は外旋していますが、前腕は両手を組んでいますから相対的に回内しています。この動きと感覚を覚えましょう。

［5］軽い竹刀で素振りをする

　最後に、素振りの話をしましょう。剣士で素振りをしない人はいないと思います。素振りを稽古の中心に位置づけている人も多いと思います。さて、みなさんはどのような方法で素振りをしているでしょうか。

　序章でも触れましたが、野球やゴルフなどの素振りと剣道の素振りとではその性質がかなり異なります。野球やゴルフの素振りでは、実際の動きをそのまま繰り返すのに対し、剣道の素振りは動きの経過性を重視して大きく振ることが多いことはすでに述べました。さらに、剣道の場合は空間で竹刀を止めます。空間で竹刀を止める、つまり空間（何もないところ）を打突するとはどういうことでしょうか。

　空間打突の素振りは注意が必要です。竹刀を停止させることによって、肘と手関節（手首）の操作を覚えます。しかし、方法を間違えると竹刀の速さや打ちの強さが失われてしまいます。

　このことを自動車にたとえて説明してみます。今、自動車が走っているとし

図4-13　車の急停車と剣道の空間打突

ます。この自動車が竹刀だとイメージしてください。素振りで空間打突するということは、自動車が急に止まるのと一緒です。

たとえば、時速100kmで走ってきた車を急に止めようとすれば、急ブレーキをかけなければなりません。しかし、どんなに急ブレーキをかけても一瞬にして自動車を止めることはできません。徐々に減速して車は止まります。竹刀の場合も同じです。素振りで竹刀を止めるときには、私たちは一瞬で止めているつもりでも、実は竹刀を減速させて停止させています。

そのため、空間打突を繰り返すと、無意識に打突前に竹刀を減速させることになります。このことはバッティングやゴルフで想像してもわかります。ボールにあたる瞬間（インパクト）にバットやクラブを停止させるような素振りをしてもボールは飛ぶようにはなりません。

それでは、どのような方法で素振りをすればいいのでしょうか。なるべく、打ち込み台や打ち込み棒を使用することをおすすめします。そのことによって、打突時に竹刀を握って減速させる動きを軽減させることができるからです（図4-14）。

さらに有効であるのは軽い竹刀や木刀を用いることです。みなさんは、通常使用しているものよりも軽い竹刀や木刀で素振りをしたことがあるでしょうか。この方法は、前述の悪弊が身につくのを抑えるばかりでなく、動作のコツを覚えるのにも役立ちます。このときに大切なのは、軽い竹刀の重さを感じながら振ることです。通常使用しているものより重い竹刀や木刀で空間打突をしている剣士をよく見かけますが、そのような素振りはしないでください。それは打突直前の剣先のスピードが遅くなる危険性があるからです。

素振りの稽古で使用する竹刀や木刀を徐々に軽いものしていきましょう。そして、そのときに通常の竹刀を使うときと同じように竹刀等の重みを感じながら振ります。動作に不必要な力が入っていると重みを感じることができません。最終的には200g程度のものをその重みを感じながら振ることができるようになりたいものです。

私たちの動きの源は体幹にあります。体幹の動きを四肢に伝えられるようになれば、必要以上に筋力をつける必要はありません。

図4-14　打ち込み棒を使った素振り
素振りをするときに、打ち込み台や打ち込み棒を使うことによって、竹刀を握って減速させる動きを軽減することができる。

終わりに

　二軸動作（常歩）による剣道について、述べてきました。本書を読んで、また、「やってみよう」を実践されてどのような感想をおもちになったでしょうか。みなさんが、剣道をはじめた頃から習ってきた内容とはかなり異なり、戸惑うことも多かったことと思います。本文中でも述べましたが、二軸動作（常歩）を、自分の剣道に取り入れるときには、決して急に動きを変えないでください。できそうなところから、徐々に変えていってください。みなさんが積み上げてきた動きを、まず大切にしてください。その中に、「膝の抜き」や「股関節の外旋」、「踵の接地」など、二軸動作（常歩）の動きを少しずつ、取り入れるようにしてください。

　また、本書では、剣道以外のスポーツの動きも取り上げました。他のスポーツの動きをこれまで以上に観察するようにしましょう。剣道に応用できる動きが見えてきます。他のスポーツからも、合理的な身体操作を学びたいものです。

　さて、私たちは、小山田良治氏（五体治療院代表）とともに、二軸動作（常歩）を研究してきました。からだの左右に軸感覚を形成し、その軸を操作することによってあらわれる合理的な動きを、2000年11月に「常歩」と命名しました。その後、さまざまな分野の方々にも研究に加わっていただき、現在に至っています。また、多くの方々よりメールやお便りで、貴重なご意見や情報をいただきました。この場をお借りして、お礼を申し上げます。

　二軸動作（常歩）やそれによる剣道についての充実は、インターネットの普及抜きには語れません。私たち研究会メンバーも、メールで毎日意見交換をしています。二軸動作（常歩）については、常歩研究会のホームページ「常歩秘宝館」（http://www.namiashi.com/hihoukan/）、二軸動作（常歩）による剣道については「剣紫堂」（http://www.namiashi.com/kenshido/）をぜひご覧ください。そして、本書の感想とともに、ご意見やご質問など、遠慮なくメールをいただければ幸いです。みなさんとの新たな交流が始まることを楽しみにしております。

　本書を執筆するにあたり、多くの方々に御協力をいただきました。とくに、瀬戸靖博氏、宮本豊氏には、貴重な時間を割いていただき撮影に協力していただきました。ありがとうございました。

　最後になりましたが、二軸動作（常歩）による剣道について整理し、発表する機会を与えていただきましたことに心より感謝いたします。とくに大修館書店の綾部健三氏には、メールや電話で多くの適切なアドバイスをいただきました。まことに、ありがとうございました。

　本書が、一人でも多くの剣士の動きの改善に役立つことを心から願いつつ、筆を置きたいと思います。

　　　　　　　　　　　　　　　　　　　　　2006年3月吉日　小田伸午
　　　　　　　　　　　　　　　　　　　　　　　　　　　　　木寺英史

著者紹介

■木寺英史（きでら えいし）
1958年熊本県生まれ。久留米工業高等専門学校准教授。剣道教士七段。筑波大学体育専門学群卒。8年間の中学校勤務を経て、1990年、現任校へ赴任。アキレス腱断裂をきっかけに剣道の打突動作を研究しはじめる。その後、小田伸午（京都大学）・小山田良治（五体治療院）と出会い、常歩（二軸動作）研究会を結成。
剣道をはじめ、スポーツ・武道やナンバの動きを実践、研究している。常歩秘宝館管理者。

□著　書
『本当のナンバ　常歩』（スキージャーナル）

□ホームページ（常歩秘宝館）
http://www.namiashi.com/hihoukan/

撮影協力
　瀬戸靖博（福岡県瀬高中学校教諭）
　宮本　豊（三菱重工業横浜剣道部）
　久留米工業高等専門学校剣道部

■小田伸午（おだ　しんご）
1954年生まれ。東京大学教育学部、同大学院博士課程単位修得退学。京都大学教養部助手を経て、2005年より京都大学高等教育研究開発推進センター教授。人間・環境学博士。元日本代表ラグビーチーム・トレーニングコーチ。
人間の身体運動や運動制御機能を、生理・心理・物理から総合的に研究。

□著　書
『運動科学——アスリートのサイエンス』丸善
『身体運動における右と左』京都大学学術出版会
『運動科学　実践編』丸善

剣士なら知っておきたい「からだ」のこと
©Eishi Kidera　Shingo Oda　2006
　　　　　　　　　　　　　　　　　　NDC789　99P　26cm

初版第1刷	2006年 5月27日
第2刷	2007年 9月 1日

著　者────木寺英史　小田伸午
発行者────鈴木一行
発行所────株式会社大修館書店
　　　　　〒101-8466　東京都千代田区神田錦町3-24
　　　　　電話 03-3295-6231（販売部）03-3294-2358（編集部）
　　　　　振替 00190-7-40504
　　　　　[出版情報] http://www.taishukan.co.jp

装　丁────大久保浩
本文レイアウト────加藤　智
イラスト────イー・アール・シー
印刷所────横山印刷
製本所────司製本

ISBN978-4-469-26611-5　Printed in Japan
Ⓡ本書の全部または一部を無断で複写複製（コピー）することは、著作権法上での例外を除き禁じられています。